KB261848

경리초보자를 위한

계정과목 매뉴얼

김경하 세무사

KOFE
한국재정경제연구소

머리말

기업의 경리실무자와 세무회계사무소의 직원이 하나의 거래에 대한 회계처리를 할 때 다른 거래와 연결되어 회계처리되는 과정에 대한 이해가 필요하며, 거래에서 발생하는 세무상의 규정에 대한 이해가 부족하여 오류를 범하는 경우를 종종 볼 수 있다.

이에 하나의 거래에 대한 회계처리와 세무상의 처리 및 기타 법률상의 유의할 사항들에 대하여 하나의 계정과목에 실어 그 계정에 대한 실무상의 전반적인 처리를 쉽게 이해하고 업무처리 할 수 있도록 중점을 두어 집필하였다.

이 책은 실무에서 꼭 필요한 계정과목들을 중심으로 다음과 같은 내용으로 집필하였다.

첫째, 계정과목별 회계처리에 대한 사례를 빠짐없이 두어 이해를 돕도록 하였다.

둘째, 대차대조표계정과 손익계산서계정으로 구분하여 계정에 대한 전반적인 이해를 돕도록 하였다. 그리고 대차대조표계정에 대한 전반적인 설명과 손익계산서계정에 대한 전반적인 설명을 실어 두어 계정에 대한 큰 숲을 볼 수 있도록 하였다.

셋째, 각 계정과목에 계정분류를 실어 두어 그 계정과목이 손익계산서계정인지 대차대조표계정인지 쉽게 이해할 수 있도록 하였다. 그리고 하나의 계정과목에 대한 해설과 분개사례를 빠짐없이 수록하여 거래에 대한 연결관계를 쉽게 이해하도록 하였다.

넷째, 각 계정과목에 대한 분개사례에서 더존전산전표의 입력방법을 제시하여
　　　실무자들이 전산으로 회계처리하는데 도움이 되도록 하였다.

다섯째, 계정과목마다 세무회계상의 유의할 사항들을 실어 그 계정과목에서 반
　　　드시 익혀야 할 내용들을 모두 숙지할 수 있도록 하였다.

여섯째, 각 계정과목과 관련된 법령 등을 제시하여 실무자들이 관련법령을 쉽
　　　게 찾을 수 있도록 하였으며, 그 외의 부족한 내용들은 Tip과 보충자료로
　　　실어 두었다.

　저자는 강의와 실무를 통해 경리실무자들이 계정과목에 대한 전반적인 이해
가 필요하다고 느끼고, 본서가 경리실무자들에게 꼭 필요한 지침서가 되었으면
하는 조그만 바램으로 이 책을 집필하였다. 하지만, 저자의 부족한 지식과 경험
으로 독자에 대한 도움에 앞서 두려움이 앞서지만 앞으로 부족한 부분을 보완
하는데 최선을 다하고자 한다.

　끝으로, 이 책이 나오기까지 많은 도움을 주신 한국재정경제연구소의 강석원
소장님과 편집에 애써 주신 편집부 직원여러분에게 감사를 드린다. 또한 항상
옆에서 격려해 주고 자신감을 북돋워 준 채연아빠에게 고마움을 전하고 싶다.

2005년 1월

세무사 김경하

제1편

계정과목

제1장 계정과목의 이해

제2장 계정과목의 종류

제2편

대차대조표 계정과목

제1장 대차대조표

제2장 유동자산

제 3 장 고정자산

제 4 장 부 채

제 5 장 자 본

제3편

손익계산서 계정과목

제 1 장 손익계산서

제 2 장 매출과 매출원가

제 3 장 판매비와 관리비

제 4 장   영업외손익

제 5 장   특별손익

부록

제 1 편 계정과목

제 1 장 계정과목의 이해
제 2 장 계정과목의 종류

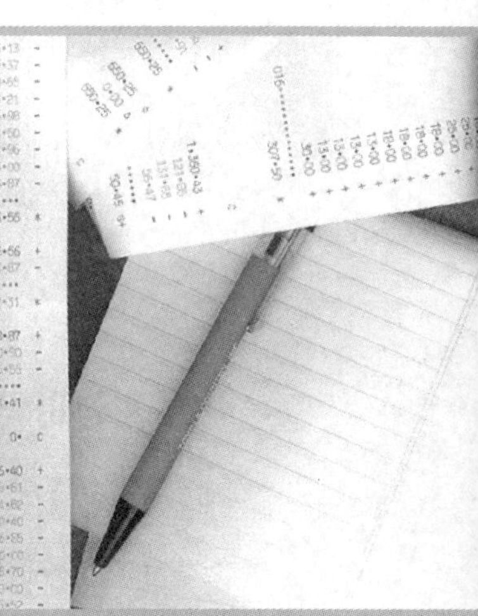

제1장 계정의 이해

1. 계정과목의 정의

계정과목이란 재산상의 변동사항을 보다 더 명백히 하기 위해 이를 자산, 부채, 자본, 수익, 비용으로 나눈 것이다. 즉 재산변동의 성격별 분류체계를 말한다. 계정과목은 거래를 하면서 발생하는 거래내역을 일목요연하게 알 수 있도록 정한 회계용어이다. 따라서 계정과목은 거래발생에서 결산정리까지 회계처리를 하는데 구분해서 기록해야할 중요할 사항이다.

2. 계정과목의 구분

계정과목은 자산, 부채, 자본, 수익, 비용의 5가지 계열로 구분하게 되며 다시 이를 세분하게 되며, 이는 일정한 형식에 따라 기입을 하여야 한다. 계정은 일반적으로 다음과 같이 2가지로 크게 나눌 수 있다.

① 대차대조표의 계정

② 손익계산서의 계정

계정과목을 요약하면 다음 그림과 같다.

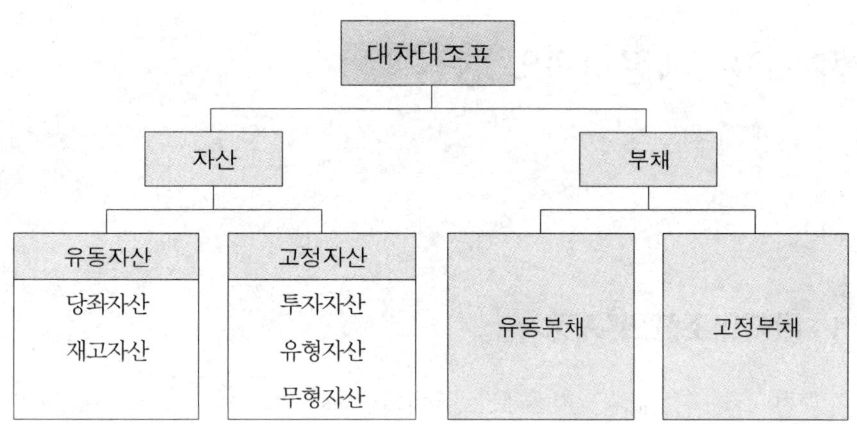

대차대조표
자산
부채
유동자산
당좌자산
재고자산
고정자산
투자자산
유형자산
무형자산
유동부채
고정부채

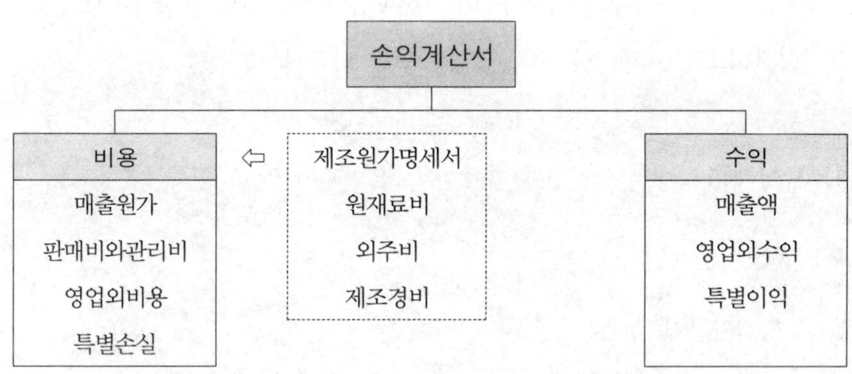

손익계산서
비용
매출원가
판매비와관리비
영업외비용
특별손실
제조원가명세서
원재료비
외주비
제조경비
수익
매출액
영업외수익
특별이익

제 2 장   계정과목의 종류

1. 대차대조표의 계정

대차대조표의 계정은 자산계정, 부채계정, 자본계정의 3가지로 구성된다. 이러한 계정은 또다시 세분되는데, 자산계정은 유동자산과 고정자산의 집합계정으로 나누고, 부채계정은 유동부채와 고정부채의 집합계정으로, 그리고 자본계정은 자본금, 자본잉여금, 이익잉여금, 자본조정의 집합계정으로 나눈다. 대차대조표의 계정을 구체적으로 보면 다음과 같다.

1) 자산계정

가) 유동자산계정

① 당좌자산계정

- 현금 및 현금등가물
- 유가증권
- 단기대여금
- 미수수익
- 선급비용

- 단기금융상품
- 매출채권
- 미수금
- 선급금

② 재고자산계정

- 상품

- 제품

- 반제품
- 재공품
- 원재료
- 저장품

나) 고정자산계정

① 투자자산계정

- 장기금융상품
- 투자유가증권
- 장기대여금
- 장기성매출채권
- 투자부동산
- 보증금
- 이연법인세차

② 유형자산계정

- 토지
- 건물
- 구축물
- 기계장치
- 선박
- 차량운반구
- 건설중인자산

③ 무형자산계정

- 영업권
- 산업재산권
- 광업권
- 어업권
- 차지권
- 창업비
- 개발비

2) 부채계정

가) 유동부채계정

- 매입채무
- 단기차입금

- 미지급금
- 예수금
- 미지급법인세
- 유동성장기부채
- 단기부채성충당금

- 선수금
- 미지급비용
- 미지급배당금
- 선수수익
- 개발비

나) 고정부채계정

- 사채
- 장기성매입채무
- 이연법인세대

- 장기차입금
- 장기부채성충당금

3) 자본계정

가) 자본금계정

- 보통주자본금

- 우선주자본금

나) 자본잉여금계정

- 주식발행초과금
- 합병차익
- 국고보조금
- 보험차익
- 채무면제이익

- 감자차익
- 재평가적립금
- 공사부담금
- 자산수증이익
- 자기주식처분이익

다) 이익잉여금계정

- 이익준비금
- 기타법정적립금
- 임의적립금
- 차기이월이익잉여금
- 차기이월결손금

2. 손익계산서의 계정

손익계산서의 계정은 비용계정과 수익계정으로 구성되는데, 비용계정에는 매출원가, 판매비와관리비, 영업외비용, 특별손실의 집합계정이 있고, 수익계정에는 매출액, 영업외수익, 특별이익의 집합계정이 있다. 손익계산서의 계정에는 그 이외에도 제조원가명세서에 따르는 계정이 있다..

1) 매출액계정

- 총매출액
- 매출에누리
- 환입품
- 매출원가
- 매입에누리
- 환출품

2) 판매비와 관리비계정

- 급여
- 퇴직금
- 복리후생비
- 여비교통비
- 통신비
- 수도광열비
- 세금과공과
- 임차료
- 감가상각비
- 수선비

- 보험료
- 접대비
- 광고선전비
- 보관료
- 견본비
- 포장비
- 경상연구비
- 운반비
- 판매수수료
- 대손상각
- 잡비

　기타 실무상 많이 사용하는 계정 소모품비, 사무용품비, 지급수수료, 차량유지비, 도서인쇄비

3) 영업외비용계정

- 이자
- 기타의 대손상각
- 유가증권처분손실
- 유가증권평가손실
- 외환차손
- 외화환산손실
- 재고자산평가손실
- 기부금
- 지분법평가손실
- 투자유가증권감액손실
- 투자자산처분손실
- 유형자산처분손실

4) 영업외수익계정

- 이자수익
- 배당금수익
- 임대료
- 유가증권처분이익
- 유가증권평가이익
- 외환차익
- 외화환산이익
- 지분법평가이익
- 투자유가증권감액손실환입
- 투자자산처분이익

- 유형자산처분이익
- 법인세환급액
- 사채상환이익

5) 특별이익계정

- 고정자산처분이익
- 상각자산처분이익
- 자산수증이익
- 보험차익
- 투자자산처분이익
- 사채상환이익
- 채무면제이익

3. 제조원가명세서의 계정

제조원가명세서계정은 매출원가계정의 부속 계정으로 원가를 구하기 위한 제조계정이다.

1) 재료비 계정

- 기초 재료 재고액
- 타계정으로 대체
- 기말 재료 재고액
- 당기 제품 제조 원가
- 타계정에서 대체

2) 노무비 계정

- 임금
- 잡급
- 상여금
- 퇴직금

3) 제조경비 계정

- 전력비
- 운임
- 수선비
- 세금과공과
- 보험료
- 여비교통비
- 잡비

- 가스수도료
- 감가상각비
- 소모품비
- 임차료
- 복리후생비
- 통신비

제 **2** 편 대차대조표 계정과목

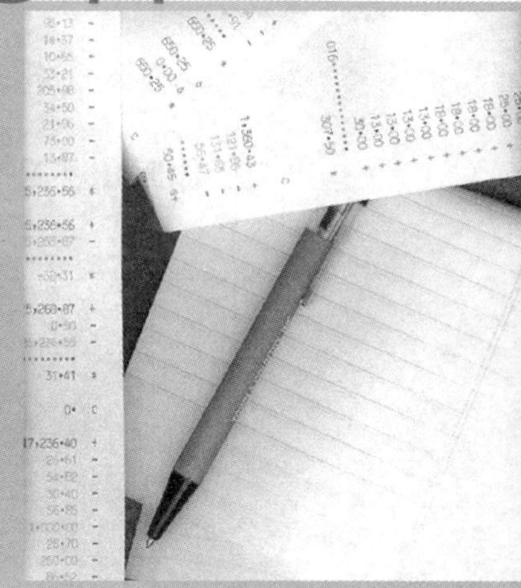

제1장 대차대조표

1. 대차대조표의 의의

일정시점의 기업의 재무상태를 자산, 부채, 자본으로 표시해 주는 재무제표이다. 이는 기업의 자금의 원천과 자금운용상태를 나타내 준다.

2. 대차대조표의 구성

유동자산 • 당좌자산 • 재고자산	• 유동부채 • 고정부채
	부채총계
고정자산 • 투자자산 • 유형자산 • 무형자산	• 자본금 • 자본잉여금 • 이익잉여금 • 자본조정
	자본 총계
자산 총계	부채와 자본 총계

3. 대차대조표의 작성기준

(1) 구분기준

대차대조표는 자산, 부채 및 자본으로 구분한다.
① 자산은 유동자산 및 고정자산으로
② 부채는 유동부채 및 고정부채로
③ 자본은 자본금, 자본잉여금, 이익잉여금 및 자본조정으로 구분한다.

(2) 총액기준

자산, 부채 및 자본은 총액에 의하여 구분함을 원칙으로 하고 자산의 항목과 부채 또는 자본의 항목과 상계함으로써 그 전부 또는 일부를 대차대조표에서 제외하여서는 아니된다.

(3) 1년 기준

자산과 부채는 1년을 기준으로 하여 유동자산 또는 고정자산, 유동부채 또는 고정부채로 구분하는 것을 원칙으로 한다.

(4) 항목배열

대차대조표에 기재하는 자산과 부채의 항목배열은 유동성배열법에 의함을 원칙으로 한다.

(5) 거래구분

자본거래에서 발생한 자본잉여금과 손익거래에서 발생한 이익잉여금은 혼돈하여 표시하여서는 아니된다.

(6) 계정표시 계상금지

가지급금 또는 가수금 등의 미결산항목은 그 내용을 나타내는 적절한 과목으로 표시하고, 대조계정 등의 비망계정은 대차대조표의 자산 또는 부채 항목으로 표시하여서는 아니된다.

제 2 장   유동자산

1. 유동자산의 개요

1년을 기준으로 유동자산과 고정자산으로 구분한다. 그리고 유동자산은 당좌자산과 재고자산으로 구분한다.

당좌자산	재고자산
현금및현금등가물	상품
단기금융상품	제품
유가증권	원재료
외상매출금	재공품
받을어음	저장품
대손충당금(매출채권의 차감계정)	반제품
단기대여금	적송품
미수금	
미수수익	
선급금	
선급비용	
선납세금	
부가세대급금	
현금과부족	
가지급금	

2. 당좌자산

현금및현금등가물

당좌자산 < 유동자산 < 대차대조표

현금및현금등가물

현금은 일상적인 현금과 자기앞수표, 당좌예금, 보통예금, 타인발행수표, 송금수표, 가계수표, 우편환증서, 공사채만기이자표, 배당금영수증 등을 말한다.

현금등가물이란,

① 현금으로 전환하는데 큰 거래비용이 들지 않고

② 이자율 변동에 따른 가치변동의 위험이 중요하지 않은 유가증권 및 단기금융상품으로서

③ 취득시점을 기준으로 상환일이 3개월 이내에 도래하는 것을 말한다.

기업회계기준서 공개초안에서는 '현금및현금성자산'으로 계정과목을 변경할 예정이다.

분개사례

① 상품을 현금으로 판매하는 경우

갑상품을 판매하면서 현금으로 110,000원(부가세 포함)을 받고, 세금계산서를

교부해 주다.

```
[차변] 현금                    110,000   [대변] 상품매출              100,000
                                              부가세예수금             10,000
```

> **더존프로 그램입력**
> - 재무회계 > 전표입력/장부 > 매입매출전표입력
> - 유형(매출:과세) > 품명(갑상품) > 공급가액 > 분개(현금)
> - 입금(상품매출)

② 장부상 현금잔액과 실제보유액의 차이가 발생하는 경우

7월 31일의 현금계정의 잔액은 540,000원으로 장부상 기록되어 있으나 실제 현금보유액은 490,000원이다. 그 원인은 밝혀지지 않았다.

```
[차변] 현금과부족               50,000   [대변] 현금                  50,000
```

> **더존프로 그램입력**
> - 재무회계 > 전표입력/장부 > 일반전표입력
> - 출금 > 현금과부족 > 금액 > 현재적요

③ 보통예금에서 현금이 출금되는 경우

하나은행의 보통예금에서 100,000원을 인출하다.

```
[차변] 현금                    100,000   [대변] 보통예금              100,000
```

> **더존프로 그램입력**
> - 재무회계 > 전표입력/장부 > 일반전표입력
> - 입금 > 보통예금 > 거래처코드 > 금액 > 현재적요

④ 보통예금통장에 현금이 입금되는 경우

현금 500,000원을 보통예금통장에 입금하다.

```
[차변] 보통예금                 500,000   [대변] 현금                  500,000
```

> **더존프로 그램입력**
> - 재무회계 > 전표입력/장부 > 일반전표입력
> - 출금 > 보통예금 > 거래처코드 > 금액 > 현재적요

[전산입력시 유의사항]

전산전표 입력시 보통예금은 계좌별로 거래처코드를 구분하여 입력한다.

📚 세무회계 유의사항

① 재무제표 공표용에는 현금과 보통예금을 합하여 「현금및현금등가물」계
정으로 표시되지만, 장부 입력시에는 각각 구분하여 회계처리한다.
② 현금과부족, 가지급금 등의 미결산 계정은 그 내역을 밝혀 결산시에 적
절한 계정과목으로 대체시켜야 한다.

TIP	입금표

재화 판매시 또는 판매 후 대금을 현금·수표·어음 등으로 회수하는 경우 입금표 2장
을 작성하여 1장은 거래상대방에게 교부한다. 입금표는 세법에서 인정하는 정규증빙서
류는 아니지만 사인간의 거래에 있어서 중요한 증빙자료이다.

보충자료	당좌예금

은행과 당좌거래계약을 체결하고, 회사가 예금액 범위 내에서 거래은행을 지급인으로
하는 당좌수표 또는 당좌어음을 발행할 수 있도록 개설한 예금이다. 이는 현금 지급의
착오나 도난을 방지할 목적으로 이용할 예금으로서 이자가 붙지 않는 것이 특징이다.
또한 당좌예금이 마이너스가 되더라도 부도를 방지하기 위하여 은행과 마이너스 금액에
대한 별도의 지불 약정을 하게 되는 경우도 있는데, 이를 '당좌차월'이라 하며 이는 유동
부채에 속한다.

단기금융상품

당좌자산 < 유동자산 < 대차대조표

 단기금융상품

금융기관이 취급하는 정형화된 상품으로서 정기예금, 정기적금, 금전신탁, 양도성예금증서 등과 사용이 제한되어 있는 만기가 1년 이내인 예금을 포함한다.

 분개사례

① 양도성예금증서(CD)에 예입하는 경우

보통예금통장에서 10,000,000원을 이체하여 양도성예금증서에 예입하다.

[차변] 단기금융상품	10,000,000	[대변] 보통예금	10,000,000

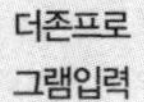

- 재무회계 > 전표입력/장부 > 일반전표입력
- 대체차변 > 단기금융상품 > 거래처코드 > 금액 > 현재적요
- 대체대변 > 보통예금 > 거래처코드 > 금액 > 현재적요

세무회계 유의사항

① 결산시에 단기금융상품에서 발생된 이자를 기간 계산하여 미수이자를 계상하여야 한다. 그러나 금액이 소액이고 중요하지 않을 경우에는 중

요성의 원칙에 의하여 생략하여도 무방하다.

② 결산시에 기간 계산하여 이자수익을 계상한 경우 세무상으로는 익금으로 보지 않으므로 익금불산입으로 세무조정하여야 한다.

③ 세무상 이자소득의 수입시기는 만기일, 해약일, 원본가산일이다.

보충자료	금융상품의 종류

① 단기금융상품에 해당하는 금융상품
- 기업어음(CP) : 한 회사가 금융기관을 통하여 다른 회사의 어음을 매입하는 형태로 자금을 대여해 주는 것을 말한다.
- 표지어음 : 기업어음과 마찬가지로 어음매입의 형태로 다른 회사에 자금을 대여해 주는 것을 말한다. 표지어음의 지급인은 표지어음을 발행한 금융기관이다.
- 어음관리구좌(CMA) : 금융기관이 자금을 수탁받아 그 자금을 주로 어음이나 국공채 등에 운용하여 그 수익을 이자의 형태로 고객에게 지급하는 예금이다. 유가증권의 형태로 유통성을 가지지 못한다.
- 양도성예금증서(CD) : 유동성이 없는 예금통장에 양도를 가능하게 하여 유동성을 부여한 예금통장을 말한다.
- MMF : 투자자의 자금을 수탁받아 자금을 운용하여 그 수익을 지급하는 상품이다.

② 유가증권에 해당하는 금융상품
- 뮤추얼 펀드 : 주주의 형식으로 별도의 운용회사를 통하여 투자를 하는 간접투자 방식이다. 원금의 손실을 감안해야 하며, 이자도 발생하지 않는다.
- 자사주 펀드 : 기업이 자기주식취득의 제한이 있는 경우에 투자신탁회사에 자금을 예치하여 자사주에 대한 투자를 위임하는 형태의 투자이다.
- 수익증권 : 무액면유가증권으로 원본 및 이익의 분배에 관하여 균등하게 약정되어 있는 형태로 일정수익을 투자신탁회사가 보장해주지 않는다.

유가증권

당좌자산 < 유동자산 < 대차대조표

📚 유가증권

유가증권이란 국채, 공채, 사채, 주식 등을 말하는 것으로 시장성이 있고, 단기적 자금운용의 목적으로 소유하고 있는 것을 말한다.

시장성있는 유가증권이란 증권거래법 제2조 제1항의 규정에 해당하는 유가증권으로서 증권거래소에 상장되었거나 장외거래종목으로 등록되어 권위 있는 기관에 의하여 시세가 공표되는 것을 말한다.

단기적 자금운용 목적이란 1년 내에 처분할 의사가 있는 것을 말한다.

📚 분개사례

① 주식을 구입하면서 수수료를 지급하는 경우

(주)흥부의 주식 1,000주를 @1,000원(구입수수료 30,000원)에 현금으로 구입하다.

[차변] 유가증권	1,030,000	[대변] 현금	1,030,000

더존프로 그램입력	• 재무회계 > 전표입력/장부 > 일반전표입력 • 출금 > 유가증권 > 금액 > 현재적요

② 보유중인 유가증권을 기말에 평가하는 경우

보유중인 (주)흥부의 주식이 기말에 주당 @1,100으로 평가되었다.

[차변] 유가증권	100,000	[대변] 유가증권평가이익	100,000

더존프로 그램입력
- 재무회계 > 전표입력/장부 > 일반전표입력
- 대체차변 > 유가증권 > 금액 > 현재적요
- 대체대변 > 유가증권평가이익 > 금액 > 현재적요

③ 보유중인 유가증권을 처분하는 경우

(주)흥부의 주식 1,000주를 주당 @1,200원에 모두 매각하고 대금을 현금으로 받다.

[차변] 현금	1,200,000	[대변] 유가증권	1,130,000
		유가증권처분이익	70,000

더존프로 그램입력
- 재무회계 > 전표입력/장부 > 일반전표입력
- 출금 > 유가증권 > 금액 > 현재적요

📚 세무회계 유의사항

① 유가증권 취득시 수반되는 부대비용은 「유가증권」계정으로 계상한다.

② 유가증권의 평가방법은 종목별로 평균법을 적용하여 취득원가를 산정하고 기말의 공정가액으로 평가하도록 기업회계기준에서 정하고 있다. 따라서 기중에 동일한 종류의 유가증권을 각각 다른 가액으로 취득하였다면 평균법을 적용하여 취득원가를 계산한다.

③ 유가증권의 분류기준에 해당되지 않으면 「투자유가증권」계정으로 계상한다.

④ 취득원가와 기말의 공정가액과의 차액은 「유가증권평가손익」으로 인식

하여 영업외손익으로 계상한다.

⑤ 무상증자와 주식배당으로 유가증권을 취득하는 경우 주식수의 증가로만 처리하여야 하므로 비망 기록해 둔다. 따라서 이 경우에는 주식수는 증가하고 주식의 단가는 하락한다.

⑥ 세무상 유가증권의 평가는 원가주의를 채택하고 있으므로 유가증권평가손익은 인정되지 않는다. 따라서 장부에 유가증권평가이익을 계상한 경우에는 익금불산입으로, 유가증권평가손실을 계상한 경우에는 손금불산입으로 세무조정하여야 한다.

⑦ 무상증자와 주식배당의 경우 세무상으로는 익금으로 보는 경우가 있으므로 세무조정하여야 한다.

	기업회계기준	법인세법
주식배당	수익 아님	수익으로 봄
자본잉여금의 자본전입으로 인한 무상증자	수익 아님	수익 아님
이익잉여금의 자본전입으로 인한 무상증자	수익 아님	수익으로 봄

따라서 주식배당과 이익잉여금의 자본전입으로 인한 무상증자의 경우 회계상 회계처리하지 않고 주식수만 증가시키지만, 세무상으로는 익금산입으로 세무조정한다.

외상매출금

당좌자산 < 유동자산 < 대차대조표

📚 외상매출금

상품 · 제품 또는 용역의 신용에 의한 판매 · 제공으로 발생되는 미수대금으로서 기업의 영업활동에서 상당히 빈번히 발생되며 일반적인 상거래에서 발생한 채권을 말한다.

공표용 대차대조표에는 「매출채권」으로 표시되므로 기중에는 외상매출금으로 회계처리하였다가 결산시에 「매출채권」으로 대체시킨다.

📚 분개사례

① 수출 물건을 선적하는 경우

(주)템플과 수출계약(수출대금 10,000$)을 하다.

1. 2005년 11월 20일(1$ = 1,280원) : 선적일
2. 2005년 12월 31일(1$ = 1,210원) : 결산일
3. 2006년 02월 10일(1$ = 1,170원) : 대금 결제일

선적일의 분개는 다음과 같다.

[차변] 외상매출금	12,800,000	[대변] 수출매출	12,800,000

더존프로 그램입력	• 재무회계 > 전표입력/장부 > 매입매출전표입력 • 유형(매출:수출) > 품명(을상품) > 공급가액 > 거래처 > 분개(외상) • 대변(수출매출)

② 외상대금이 보통예금통장에 입금되는 경우

(주)흥부로부터 외상대금 1,000,000원을 보통예금통장으로 송금받다.

[차변] 보통예금	1,000,000	[대변] 외상매출금	1,000,000

더존프로 그램입력	• 재무회계 > 전표입력/장부 > 일반전표입력 • 대체차변 > 보통예금 > 거래처코드 > 금액 > 현재적요 • 대체대변 > 외상매출금 > 거래처코드 > 금액 > 현재적요

③ 외상대금을 약속어음으로 받은 경우

(주)흥부로부터 외상대금으로 약속어음(액면금액 10,000,000원)을 받다.

[차변] 받을어음	10,000,000	[대변] 외상매출금	10,000,000

더존프로 그램입력	• 재무회계 > 전표입력/장부 > 일반전표입력 • 대체차변 > 받을어음 > 거래처코드 > 금액 > 현재적요(9번) > 어음입력 • 대체대변 > 외상매출금 > 거래처코드 > 금액 > 현재적요

④ 카드매출분이 보통예금통장에 입금되는 경우

엘지카드 매출분 1,000,000원 중에서 카드수수료 30,000원이 차감된 970,000
원을 보통예금통장으로 입금받다.

[차변] 보통예금	970,000	[대변] 외상매출금	1,000,000
지급수수료	30,000		

더존프로 그램입력	• 재무회계 > 전표입력/장부 > 일반전표입력 • 대체차변 > 보통예금, 지급수수료 > 거래처코드 > 금액 > 현재적요 • 대체대변 > 외상매출금 > 거래처코드 > 금액 > 현재적요

⑤ 할부판매한 후 할부금을 회수하는 경우

할부판매 후 2005년 2월 28일에 할부금 1회분인 1,100,000원을 현금으로 회수하다.

[차변] 현금	1,100,000	[대변] 외상매출금	1,100,000

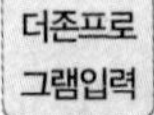

- 재무회계 > 전표입력/장부 > 일반전표입력
- 입금 > 외상매출금 > 거래처코드 > 금액 > 현재적요

[전산입력시 유의사항]

전산전표 입력시 국외수출의 경우에는 과세에서 '수출'로 입력하고, 내국기업에게 영세율 세금계산서를 발행하는 경우에는 '영세율'로 입력한다.

📚 세무회계 유의사항

① 일반적 상거래가 아닌 거래에서 발생한 채권인 미수금, 대여금 등과 구분되어 회계처리한다. 여기서 일반적 상거래란 당해 회사의 사업목적을 위한 경상적 영업활동에서 발생하는 거래를 말한다.

② 현금, 수표, 어음 등으로 외상매출금을 회수하는 경우에는 입금표를 작성하여 거래상대방에게 교부하고, 입금표의 비고란에는 어음·수표번호 등을 기록한다.

③ 카드사에서 카드 가맹점 수수료를 차감한 금액이 입금되므로 통장에 입금된 금액만큼 「외상매출금」을 반제시키는 것이 아니라 가맹점 수수료까지 포함한 금액을 반제시키고 그 차액은 「지급수수료」 계정으로 계상한다.

④ 수출한 물품대금 중 일부에 대하여 정당한 사유없이 채권포기를 한 경

우에는 접대비에 해당하며 채권포기를 하게 된 현황과 사실관계를 파악할 수 있는 객관적인 증빙을 수취하여 보관하여야 채권포기로 볼 수 있다.

⑤ 외상매출금의 소멸시효기산일은 당해 매출거래의 발생사실이 관련 증빙서류 등에 의하여 객관적으로 확인되는 날이다.

⑥ 외상매출금은 3년간 행사하지 아니하면 상법 제64조 및 민법 제163조 제6호의 규정에 의하여 소멸시효가 완성되는 것이며, 소멸시효가 완성된 채권은 소멸시효가 완성된 날이 속하는 사업연도에 대손금으로 손금에 산입할 수 있는 것이다.

⑦ 법인이 사업연도 중에 발생한 외화매출채권을 장부에 기재할 때에는 부가가치세법에 의한 공급가액 환산환율과 관계없이 당해 매출채권의 발생일 현재의 기준환율 또는 재정환율로 환산하여 기재하는 것이다.

관련법령

법인 46012-523, 1999.2.8

법인 46012-4194, 1998.12.31

법인 46012-985, 1998.4.22

받을어음

당좌자산 < 유동자산 < 대차대조표

 받을어음

상품 등을 판매하고 그 판매대금을 어음으로 수취한 경우에 처리하는 계정과목으로서 일반적 상거래에서 발생한 채권이다.

공표용 대차대조표에는 「매출채권」으로 표시되므로 기중에는 받을어음으로 회계처리하였다가 결산시에 「매출채권」으로 대체시킨다.

분개사례

① 보유중인 약속어음이 만기가 되어 통장에 입금되는 경우

(주)흥부로부터 받은 약속어음 액면금액(1,000,000원)이 만기가 도래하여 은행에 제시하고 보통예금에 입금시키다.

[차변] 보통예금	1,000,000	[대변] 받을어음	1,000,000

더존프로 그램입력	• 재무회계 > 전표입력/장부 > 일반전표입력
	• 대체차변 > 보통예금 > 거래처코드 > 금액 > 현재적요
	• 대체대변 > 받을어음 > 거래처코드 > 금액 > 현재적요(9) > 어음입력

② 수취한 약속어음을 상품대금으로 지급하는 경우

상품을 구입하면서 대금 1,100,000원(부가세 포함)을 보유중인 약속어음으로 배서 양도하다.

> [차변] 상품(또는 매입)　　　　1,000,000　　[대변] 받을어음　　　　1,100,000
> 　　　　부가세대급금　　　　　100,000

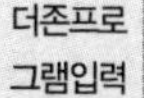

- 재무회계 > 전표입력/장부 > 매입매출전표입력
- 유형(매입:과세) > 품명(갑상품) > 공급가액 > 거래처 > 분개(혼합)
- 차변(상품) > 대변(받을어음) > 자금관리 > 어음입력

③ 주된 영업 외의 거래대금으로 약속어음을 받은 경우

기계(취득가액 30,000,000원, 감가상각누계액 5,000,000원)를 20,000,000원에 매각하고, 대금은 약속어음으로 받다.

> [차변] 받을어음　　　　20,000,000　　[대변] 기계장치　　　　30,000,000
> 　　　　감가상각누계액　　5,000,000
> 　　　　유형자산처분손실　　5,000,000

- 재무회계 > 전표입력/장부 > 일반전표입력
- 대체차변 > 받을어음(적요 9번, 어음입력), 감가상각누계액, 유형자산처분손실
  > 금액 > 현재적요
- 대체대변 > 기계장치 > 금액 > 현재적요

세무회계 유의사항

① 받을어음기입장에서 만기가 도래한 어음을 확인하여 지급처에 지급청구를 한다.

② 보유중인 어음을 배서양도한 경우 대변에 「지급어음」계정이 아닌 「받을어음」계정으로 계상한다.

③ 부가가치세가 과세되는 재화 또는 용역을 공급하고 공급대가의 일부를 어음으로 지급받으면서 당해 어음채권 및 매출채권에 대하여 보증보험

증권을 담보로 제공받았으나 공급받는자의 부도로 어음채권 및 매출채권의 일부를 담보로 제공받은 보증보험회사에서 변제받은 경우 그 변제받은 금액이 특정채권에 대한 대가임이 확인되는 때에는 당해 채권금액의 회수로 보는 것이나, 그 변제 받은 금액이 특정채권에 대한 대가임이 확인되지 아니하는 경우에는 매출채권을 발생순서대로 회수한 것으로 보는 것이다.

④ 법인이 영업거래에서 발생한 받을어음을 금융기관을 통하여 할인한 경우 동 할인어음은 대손충당금 설정대상 채권에 포함되지 아니한다.

⑤ 법인이 상업어음을 금융기관에 할인한 경우에는 어음상의 채권이 존재하지 아니하는 것으로 당해 할인어음에 대하여 대손처리를 할 수 없는 것이나, 당해 어음의 부도로 어음소지인이 어음법 제43조의 규정에 의하여 소구권을 행사함에 따라 소구금액을 지급한 경우에는 그 지급금액에 상응하는 소구권(어음상의 채권)이 발생하는 것으로 당해 소구권에 대하여는 대손처리를 할 수 있다.

관련법령

부가 46015-950, 1999.4.18

법인 46012-158, 1999.1.14

서이 46012-12170, 2003.12.23

대손충당금
(매출채권의 차감계정)

당좌자산 < 유동자산 < 대차대조표

 **대손충당금**

　채권은 기한이 되면 당연히 회수되어야 하지만, 매입처의 부도나 파산 등으로 받지 못하게 되는 경우가 있는데, 이를 '대손'이라 한다. 따라서 장래의 대손가능한 금액을 추산하여 당기 비용으로 인식함에 동시에 채권의 평가계정인 대손충당금을 계상하여 채권의 순실현가치를 나타내 준다.

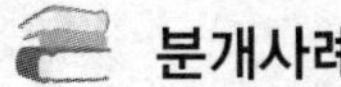 **분개사례**

① 결산일에 대손을 추정하여 충당금을 계상하는 경우

결산일에 외상매출금에 대하여 1,800,000원의 대손을 예상하다(대손충당금 잔액은 800,000원이다).

[차변] 대손상각비	1,000,000	[대변] 대손충당금	1,000,000

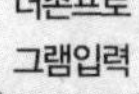

더존프로 그램입력	• 재무회계 > 전표입력/장부 > 일반전표입력 • 대체차변 > 대손상각비 > 금액 > 현재적요 • 대체대변 > 대손충당금 > 금액 > 현재적요

② 결산일에 대손을 추정하여 환입하는 경우

결산일에 외상매출금 잔액에 대하여 추정한 대손예상액은 1,000,000원이다(대손충당금 잔액은 1,200,000원이다).

```
[차변] 대손충당금          200,000   [대변] 대손충당금환입          200,000
```

더존프로 그램입력
- 재무회계 > 전표입력/장부 > 일반전표입력
- 대체차변 > 대손충당금 > 금액 > 현재적요
- 대체대변 > 대손충당금환입 > 금액 > 현재적요

③ 기중에 대손이 확정되는 경우

기중에 외상매출금 2,000,000원의 대손이 확정되다. 대손충당금 1,500,000원이 계상되어 있다.

```
[차변] 대손충당금         1,500,000   [대변] 외상매출금          2,000,000
       대손상각비          500,000
```

더존프로 그램입력
- 재무회계 > 전표입력/장부 > 일반전표입력
- 대체차변 > 대손충당금, 대손상각비 > 금액 > 현재적요
- 대체대변 > 외상매출금 > 거래처코드 > 금액 > 현재적요

④ 대손처리한 외상매출금이 회수되는 경우

대손처리한 외상매출금 중 500,000원을 보통예금으로 회수하다.

```
[차변] 보통예금           500,000   [대변] 대손충당금          500,000
```

더존프로 그램입력
- 재무회계 > 전표입력/장부 > 일반전표입력
- 대체차변 > 보통예금 > 거래처코드 > 금액 > 현재적요
- 대체대변 > 대손충당금 > 금액 > 현재적요

 ## 세무회계 유의사항

① 대손충당금 설정대상 채권은 기업이 가지고 있는 모든 금전 채권을 말한다. 따라서 외상매출금, 받을어음, 대여금, 미수금, 미수수익 등이 해당된다. 이 중 매출채권에 대한 대손상각비는 판매비와관리비에 해당되고, 기타의 대손상각비는 영업외비용으로 처리한다.

② 대손충당금의 계상은 기말 결산시에 처리하고, 대손율은 객관적이고 합리적인 기준에 따라 설정하면 되지만, 세무상 한도가 있으므로 통상 세법의 기준을 적용하는 경우가 많다.

③ 법인세법상 대손율

다음 중 큰 율

① 1%

② $\dfrac{\text{당해 사업연도의 대손금}}{\text{직전사업연도 종료일 현재의 채권잔액}}$

④ 법인세법상 대손금의 범위

- 부도발생일로부터 6월 이상 경과한 수표 또는 어음상의 채권 및 외상매출금(채권자가 중소기업인 경우로서 부도발생일 이전의 것에 한함) : 부도발생일부터 6월 이상 경과한 날부터 소멸시효가 완성되는 날까지 손금 산입이 가능하고, 반드시 장부에 계상하여야 인정받을 수 있다.

- 소멸시효가 완성된 채권 : 당해 기간만 손금 인정되며, 장부에 계상하지 않은 경우 신고조정으로 인정받을 수 있다.

⑤ 부가가치세법상 대손세액공제

- 부도수표·어음의 경우 부도발생일로부터 6월이 된 날이 속하는 과세기간의 확정신고시에만 대손세액공제를 받을 수 있다.

- 대손세액공제액은 대손금액의 10/110이다.
- 첨부서류는 당초 매출세금계산서 사본, 대손세액공제신청서, 부도수표·어음의 사본이다.

⑥ 특수관계자와의 거래에서 발생한 채권으로서 채무자의 부도발생 등으로 장래에 회수가 불확실한 채권을 조기 회수하기 위해 채권자협의회의 결정에 따라 채권의 일부를 포기하는 경우에도 동 채권포기액은 대손금으로 손금산입할 수 없다.

 **관련법령**

서이 46012-11289, 2003.7.8

단기대여금

당좌자산 < 유동자산 < 대차대조표

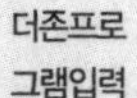 **단기대여금**

자금의 대여를 하고 그 회수기간이 결산일로부터 1년 이내인 대여금을 말한다.

분개사례

① 관계회사에게 현금을 대여하는 경우

관계회사인 (주)흥부에게 10월 10일에 1,200,000원을 연이율 10%로 12개월간 빌려주기로 하고 선이자 120,000원을 뗀 나머지를 현금으로 주다.

[차변] 단기대여금	1,200,000	[대변] 현금	1,080,000
		이자수익	120,000

더존프로 그램입력	• 재무회계 > 전표입력/장부 > 일반전표입력 • 대체차변 > 단기대여금 > 거래처코드 > 금액 > 현재적요 • 대체대변 > 현금, 이자수익 > 금액 > 현재적요

세무회계 유의사항

① 금전소비대차계약서를 작성하여 보관한다.

② 관계회사에 금전을 대여한 경우에는 국세청장이 고시한 당좌대월이자율로 이자를 수취하고 있는지 여부를 확인한다.

③ 이자수익 계상분이 결산시점에 기간이 미도래한 경우에는 미도래분을 「선수수익」계정으로 대체한다.

④ 가지급금 인정이자 계산 : 특수관계자인 출자자, 임직원 등에게 무상 또는 낮은 이자율로 금전을 대여한 경우에는 적정한 이자율로 계산한 금액과 실제 이자율로 계산한 금액과의 차액을 '가지급금 인정이자'라 하여 익금산입한다. 그리고, 회사로부터 무상 또는 낮은 이자율로 금전을 대여받은 사람은 인정이자만큼 종합소득세를 부담한다.

⑤ 업무무관가지급금에 대한 지급이자 손금불산입 : 업무무관가지급금이란 기업의 특수관계자에게 업무와 관계없이 지급한 가지급금을 말하며, 그 금액이 법인의 총차입금에서 차지하는 비율에 대한 지급이자는 손금으로 인정하지 않는다.

⑥ 법인이 특수관계에 있는 자와의 금전거래에 있어서 상환기간 및 이자율 등에 대한 개별적인 약정이 없는 대여금에 대하여 결산상 미수이자를 계상한 경우에 동 미수이자는 익금불산입하고 법인세법시행령 제47조의 규정에 의하여 계산한 인정이자상당액을 익금에 산입하여 소득처분하는 것이다.

⑦ 특수관계있는 법인이 사용할 자금을 금융기관으로부터 당해 법인이 차입하고 장부에 차입금 및 대여금으로 동시에 계상한 경우 동 대여금은 법인세법 제18조의3 제1항 제3호 규정의 업무와 관련없이 지급한 가지급금 등에 해당한다.

 **관련법령**

법인세법 제28조

법인세법 시행령 제53조

법인 46012-1030, 1998.4.24

법인 46012-2701, 1996.9.24

미수금

당좌자산 < 유동자산 < 대차대조표

📘 미수금

일반적 상거래 이외에서 발생한 미수채권을 말한다. 일반적 상거래에서 발생한 채권인 외상매출금과 구분한다.

📘 분개사례

① 에어컨을 처분하면서 돈을 못 받은 경우

사용하던 에어컨(취득가액 5,000,000원, 감가상각누계액 2,000,000원)을 2,000,000원에 팔고 대금은 한달 후에 받기로 하다.

[차변] 미수금	2,000,000	[대변] 비품		5,000,000
감가상각누계액	2,000,000			
유형자산처분손실	1,000,000			

더존프로 그램입력
- 재무회계 > 전표입력/장부 > 일반전표입력
- 대체차변 > 미수금, 감가상각누계액, 유형자산처분손실 > 거래처코드 > 금액 > 현재적요
- 대체대변 > 비품 > 금액 > 현재적요

② 트럭을 처분하면서 못 받은 돈을 약속어음으로 받는 경우

트럭을 처분하면서 미수된 7,000,000원을 약속어음으로 받다.

> [차변] 받을어음   7,000,000   [대변] 미수금   7,000,000

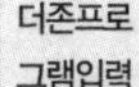

- 재무회계 > 전표입력/장부 > 일반전표입력
- 대체차변 > 받을어음 > 거래처코드 > 금액 > 현재적요(9) > 어음입력
- 대체대변 > 미수금 > 거래처코드 > 금액 > 현재적요

③ 부가가치세를 환급받는 경우

2기분 부가가치세 확정신고시 환급세액이 나오다(부가세예수금 1,000,000원, 부가세대급금 4,000,000원).

> [차변] 미수금   3,000,000   [대변] 부가세대급금   4,000,000
>   부가세예수금   1,000,000

- 재무회계 > 전표입력/장부 > 일반전표입력
- 대체차변 > 미수금, 부가세예수금 > 금액 > 현재적요
- 대체대변 > 부가세대급금 > 금액 > 현재적요

[전산입력시 유의사항]

① 전산전표 입력시 감가상각누계액은 「비품」의 차감계정코드로 입력한다.

② 미수금의 결제대금으로 수취한 어음이므로 전산전표 입력시 적요란에 그 내용을 기록해 둔다.

세무회계 유의사항

① 입금표를 작성하여 1부는 교부해 주고 1부는 보관한다. 이 때 입금표의 비고란에 어음번호 등의 내용을 기록한다.

② 부가가치세 신고시 환급세액이 500만원 이상인 경우에는 계좌개설신고를 하여야 한다.

③ 법인세법상 미수금의 상환불능위험이 있는 경우에 대손충당금을 설정할 수 있다.

④ 법인이 퇴직한 비출자임원에게 상여처분된 소득금액에 대한 소득세를 대납하고 이를 미수금으로 계상한 경우, 법인이 당해 임원 및 보증인으로부터 동 미수금을 회수하기 위하여 법률 등에 의한 제반절차를 취한 결과 법인세법시행령(1998. 12. 30 개정된 것) 제62조 각호의 사유로 회수할 수 없는 경우에 당해 미수금을 대손금으로 손금에 산입할 수 있다.

 **관련법령**

법인 46012-355, 1999.1.27

미수수익

당좌자산 < 유동자산 < 대차대조표

📚 미수수익

시간의 경과에 따라 수익이 발생하고 또한 수익의 발생기간이 결산일에 걸쳐있는 경우에 발생주의 회계처리를 위하여 필요한 계정이다. 즉, 당기에 속하는 수익 중 미수분을 말한다. 미수이자, 미수임대료 등이 대표적이다.

📚 분개사례

① 결산일에 대여금 이자 중 미수분을 계상하는 경우

(주)흥부에게 빌려준 대여금에 대한 미수이자 1,000,000원을 결산일에 수익 계상하다.

[차변] 미수수익	1,000,000	[대변] 이자수익	1,000,000

더존프로 그램입력
- 재무회계 > 전표입력/장부 > 일반전표입력
- 대체차변 > 미수수익 > 금액 > 현재적요
- 대체대변 > 이자수익 > 금액 > 현재적요

② 정기예금 이자를 현금으로 받는 경우

정기예금이자 1,000,000원을 현금으로 받다. 직전연도에 미수이자 500,000원이 계상되어 있다.

[차변] 현금	1,000,000	[대변] 미수수익	500,000
		이자수익	500,000

더존프로 그램입력
- 재무회계 > 전표입력/장부 > 일반전표입력
- 대체차변 > 현금 > 금액 > 현재적요
- 대체대변 > 미수수익, 이자수익 > 금액 > 현재적요

세무회계 유의사항

① 당기에 속하는 이자수익 중 미수분을 「미수수익」계정으로 계상하므로 당기에 속하는 미수이자의 기간을 정확히 계산한다.

② 미수금과 미수수익은 청구권리의 확정시점의 차이에 의해서 구분된다.

미수금	미수수익
– 대금을 청구할 권리는 이미 확정되었으나 외상거래처럼 대금지불을 유예해 준 상태 – 시간의 경과와 구분없이 자산의 처분시점에서 발생함	– 아직 대금을 청구할 권리가 확정되지 않은 상태에서 기업회계기준에서 규정하는 발생주의에 의한 결산을 위하여 임으로 기간구분을 한 것 – 시간의 경과에 따라 발생함

③ 세무상 미수수익으로 계상한 이자수익(원천징수되는 이자)은 익금으로 보지 않는다.

관련법령

법인세법 제40조

선급금

당좌자산 < 유동자산 < 대차대조표

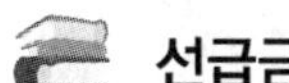 선급금

선급금은 일반적 상거래에 따른 선급액의 의미와 기간의 경과와 관계없이 계약상 대금의 전부 또는 일부를 선지급하기로 약정하여 실제로 지급한 금액 전체를 계상하는 계정이다. 실무에서는 계약금의 지급 등에서 주로 발생한다.

분개사례

① 상품 주문시 계약금을 지급하는 경우

8월 31일에 갑상품을 인도받기로 하고 8월 1일에 (주)흥부에게 계약금으로 1,000,000원을 통장에서 이체시켜 주다.

[차변] 선급금	1,000,000	[대변] 보통예금	1,000,000

더존프로
그램입력

- 재무회계 > 전표입력/장부 > 일반전표입력
- 대체차변 > 선급금 > 거래처코드 > 금액 > 현재적요
- 대체대변 > 보통예금 > 거래처코드 > 금액 > 현재적요

② 계약금을 지급한 상품을 인도받고 잔금을 지급하는 경우

8월 1일에 갑상품을 구입하기 위해 (주)흥부에게 계약금으로 1,000,000원을 이

체하였다. 갑상품은 8월 31일에 인도받고 잔금 3,000,000원은 외상으로 하기로 하고 세금계산서를 교부받다. 8월 31일의 분개는 다음과 같다.

[차변] 상품	4,000,000	[대변] 선급금	1,000,000
부가세대급금	400,000	외상매입금	3,400,000

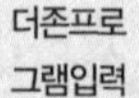

- 재무회계 > 전표입력/장부 > 매입매출전표입력
- 유형(매입:과세) > 품명(갑상품) > 공급가액 > 거래처 > 분개(혼합)
- 차변(상품) > 대변(선급금, 외상매입금)

③ 도메인 등록수수료를 선급하는 경우

도메인 등록을 위해 11,000,000원(부가세 포함)을 현금으로 선급하고 세금계산서를 교부받다.

[차변] 선급금	10,000,000	[대변] 현금	11,000,000
부가세대급금	1,000,000		

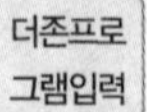

- 재무회계 > 전표입력/장부 > 매입매출전표입력
- 유형(매입:과세) > 품명(도메인 등록 수수료) > 공급가액 > 거래처 > 분개(현금)
- 출금(선급금)

 세무회계 유의사항

① 선급금 지급시 입금표를 수취한다. 세금계산서를 교부받아도 무방하다.

② 선급금 지급시 계약서를 확인하고, 계약이행보험증권의 수령 여부를 확인한다.

③ 도메인 등록수수료가 큰 경우에는 「선급금」계정으로 계상하였다가 등록시 「산업재산권」계정으로 대체시킨다. 도메인 등록수수료가 미미한 경우에는 「지급수수료」계정으로 계상한다.

④ 계약금 지급시 세금계산서를 교부받아도 무방하다.

⑤ 정상적인 영업거래에서 발생한 선급금이 소득세법시행령 제55조 제2항
  및 같은법시행규칙 제25조에 규정하는 사유에 해당하는 경우에는 당해
  사업자가 기업회계기준에 따라 회수할 수 없다고 판단하여 대손금으로
  확정한 연도의 필요경비에 산입할 수 있는 것이며, 이 경우 거래상대방
  이 폐업하여 잔여재산이 없고 행방이 불명하여 회수할 수 없다고 인정
  될 수 있는 서류를 첨부하여야 한다.

 **관련법령**

소득세법 시행령 제55조
소득 46011-1243, 1999.4.2

선급비용

당좌자산 < 유동자산 < 대차대조표

선급비용

선급비용은 일정한 계약에 따라 계속적으로 용역을 제공받는 경우에 이미 용역대가를 지급하였으나 기간의 미경과로 당해연도의 비용으로 처리하지 못하고 차기 이후의 비용으로 계상해야 할 부분을 처리하는 계정이다. 따라서 선급비용은 일반적 상거래 여부를 불문하고 시간의 경과에 따라 발생하는 용역대가 중 기간미경과분을 처리하는 계정이다.

분개사례

① 고용보험료의 개산보험료분을 신고하고 일시 납부하는 경우

고용보험료의 개산보험료분 1,000,000원(근로자부담분 50,000원)을 일시 납부하다.

[차변] 선급비용	50,000	[대변] 현금	1,000,000
복리후생비	950,000		

더존프로 그램입력	• 재무회계 > 전표입력/장부 > 일반전표입력 • 출금 > 선급비용, 복리후생비 > 금액 > 현재적요

② 근로자부담분 고용보험료의 선급분을 반제시키는 경우

상기의 근로자부담분의 고용보험료 선급분을 예수금과 반제시키다.

[차변] 예수금	50,000	[대변] 선급비용	50,000

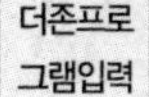

- 재무회계 > 전표입력/장부 > 일반전표입력
- 대체차변 > 예수금 > 금액 > 현재적요
- 대체대변 > 선급비용 > 금액 > 현재적요

세무회계 유의사항

① 고용보험료의 개산보험료는 분납을 선택할 수 있다. 고용보험 중 근로자가 부담하는 것은 실업급여분으로 0.45%만 부담하고 나머지는 전액 회사부담분이다.

② 선급금과 선급비용의 차이점은 다음과 같다.

선급금	선급비용
용역의 제공이 시간의 경과와 상관없이 단지 상품, 원재료의 구매를 위하여 선급한 금액이다.	일정한 금액을 지급하고 그에 대한 용역을 일정기간 동안 제공받기로 한 경우 그 용역을 제공받고 있는 기간 중에 결산기가 도래하였다면 계속적인 용역을 청구할 권리가 남아 있으므로 그 용역제공에 대한 청구권을 나타내기 위한 계정이다.

③ 선급된 비용에 대해 결산시에 회계상 선급비용으로 계상하지 않았다면 손금불산입으로 세무조정하여야 한다.

④ 법인이 자동차 책임보험에 가입하고 납부하는 보험료는 당해 보험의 가입기간에 해당하는 보험료 상당액을 각 사업연도의 손금에 산입하여야 한다.

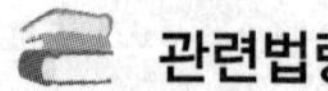 **관련법령**

법인 46012-3505, 1998.11.16

선납세금

당좌자산 < 유동자산 < 대차대조표

 선납세금

기중에 법인세·소득세의 원천징수세액, 중간예납세액을 납부한 경우 처리하는 계정과목이다.

분개사례

① 법인세 중간예납세액을 납부하는 경우

법인세 중간예납세액으로 1,000,000원을 납부하다.

[차변] 선납세금	1,000,000	[대변] 현금	1,000,000

더존프로 그램입력
- 재무회계 > 전표입력/장부 > 일반전표입력
- 출금 > 선납세금 > 금액 > 현재적요

② 원천징수된 예금이자가 통장에 입금되는 경우

보통예금이자 83,500원이 보통예금통장으로 입금되다. 원천징수된 세액은 16,500원(주민세 포함)이다.

[차변] 보통예금	83,500	[대변] 이자수익	100,000
선납세금	16,500		

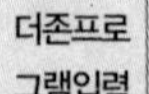

- 재무회계 > 전표입력/장부 > 일반전표입력
- 대체차변 > 보통예금, 선납세금 > 거래처코드 > 금액 > 현재적요
- 대체대변 > 이자수익 > 금액 > 현재적요

③ 결산시에 법인세를 계상하는 경우

결산에 법인세를 계상하다. 총 법인세액은 3,000,000원이고, 기중에 납부한 중간예납세액 1,000,000원이 선납세금으로 계상되어 있다.

[차변] 법인세등	3,000,000	[대변] 선납세금	1,000,000
		미지급법인세	2,000,000

- 재무회계 > 전표입력/장부 > 일반전표입력
- 대체차변 > 법인세등 > 금액 > 현재적요
- 대체대변 > 선납세금 > 미지급법인세 > 금액 > 현재적요

세무회계 유의사항

① 보통예금통장에 입금된 금액과 원천세(선급세금 또는 선납세금으로 계상)를 합한 금액을 이자수익으로 계상한다.

② 선납세금으로 계상한 중간예납세액과 원천징수세액은 법인세 계산시 기납부세액으로 공제받는다.

부가세대급금

당좌자산 < 유동자산 < 대차대조표

 **부가세대급금**

　부가세 과세사업자로부터 재화·용역을 공급받는 경우 부가세를 부담하
게 된다. 그 부담된 부가세는 부가세 신고시 매입세액으로 공제받게 되므로
자산성이 인정되어 부가세대급금의 계정으로 계상하게 된다.

 **분개사례**

① **부가가치세를 확정신고하고 납부하는 경우(일반과세자인 경우)**

　7월 25일에 부가세 확정신고·납부하다. 납부금액은 2,000,000원이고, 1기 확
정신고분의 부가세예수금은 4,000,000원이며, 부가세대급금은 2,000,000원이
다.

[차변] 부가세예수금	4,000,000	[대변] 부가세대급금	2,000,000
		현금	2,000,000

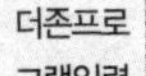

더존프로 그램입력	• 재무회계 > 전표입력/장부 > 일반전표입력
	• 대체차변 > 부가세예수금 > 금액 > 현재적요
	• 대체대변 > 부가세대급금, 현금 > 금액 > 현재적요

 **세무회계 유의사항**

① 매입·매출장의 매출세액과 부가세예수금이, 매입세액과 부가세대급금의 금액이 일치하는지 검토한다.

② 부가가치세 신고서 사본과 납부영수증은 잘 보관한다.

③ 다음의 매입세액불공제분은 부가세대급금 계정이 아닌 해당 자산의 취득원가 또는 비용으로 계상하여야 한다.

• 비영업용 소형승용자동차의 구입과 유지에 관한 매입세액	취득원가
• 접대비 관련 매입세액	접대비
• 부가가치세가 면제되는 재화 또는 용역을 공급하는 사업에 관련된 매입세액	취득원가 또는 비용

가지급금

당좌자산 < 유동자산 < 대차대조표

가지급금

현금은 지출되었는데 정식으로 처리 또는 금액이 확정되지 않았을 경우에 일시적으로 처리해 두는 계정이다. 이 계정과목이 사용되는 경우로는 출장 여비의 개산지급 등이 있다. 이 경우 사원의 출장종료 후에 정산하여 다른 계정으로 대체시킨다.

분개사례

① 사장에게 빌려주는 경우

놀부(주)의 사장이 1,000,000원을 보통예금통장에서 출금해 가다.

[차변] 가지급금	1,000,000	[대변] 보통예금	1,000,000

더존프로 그램입력
- 재무회계 > 전표입력/장부 > 일반전표입력
- 대체차변 > 가지급금 > 거래처코드 > 금액 > 현재적요
- 대체대변 > 보통예금 > 거래처코드 > 금액 > 현재적요

② 출장 전에 여비를 개산하여 지급하는 경우

경리부에서 영업사원의 출장여비를 개산하여 500,000원을 지급하다.

[차변] 가지급금   500,000   [대변] 현금   500,000

더존프로 그램입력
- 재무회계 > 전표입력/장부 > 일반전표입력
- 출금 > 가지급금 > 거래처명 > 금액 > 현재적요

③ 갑근세를 대납하는 경우

흥부의 갑근세 100,000원을 대신 납부하다.

[차변] 가지급금   100,000   [대변] 현금   100,000

더존프로 그램입력
- 재무회계 > 전표입력/장부 > 일반전표입력
- 출금 > 가지급금 > 거래처명 > 금액 > 현재적요

세무회계 유의사항

① 「가지급금」계정은 임시계정이므로 차후에 정산하고 남은 잔액은 적절한 계정과목으로 대체시켜야 한다.

② 대표이사에게 가지급된 금액은 법인세 신고시 가지급금인정이자를 계산하여 법인세를 납부한다.

③ 현금출납장의 출금란에 기록한다.

④ 임·직원의 갑근세 대납액을 회수하지 못한 경우에는 연말정산시 대납액을 급여에 포함하여 정산한다.

⑤ 법인이 임원에 대한 급여를 연봉제로 전환함에 따라 향후 퇴직금을 지급하지 아니하는 조건으로 그 때까지의 퇴직금을 정산하여 해당 임원에게 지급하였으나, 그 후 연봉제하에서 임원의 퇴직금지급규정을 개정하여 동 임원에게 퇴직금을 지급하는 경우 당초 연봉제 전환시 지급한 퇴직금과 그 후 퇴직금 명목으로 지급하는 금액은 당해 임원의 실제 퇴직

시까지 그 임원에 대한 업무무관가지급금으로 본다.

⑥ 법인이 특수관계있는 법인에 대한 매출채권의 회수를 동결한 기간이 당해 법인의 통상적인 매출채권의 회수기간을 초과하여 사회통념 및 상관습에 비추어 부당하다고 인정되는 때에는 법인세법 제20조의 부당행위계산의 부인규정을 적용하는 것이며 또한 매출채권이 실질적인 소비대차로 전환된 때에는 같은법 시행령 제43조의 2 제2항에 규정한 "업무와 관련없이 지급한 가지급금 등"으로 보는 것이다.

 **관련법령**

서이 46012-10826

법인 46012-1619

법인세법 제52조

3. 재고자산의 개요

(1) 재고자산의 의의

재고자산은 기업의 정상적인 영업활동과정에서 발생하는 다음의 자산을 말한다.

① 판매를 목적으로 보유하고 있는 자산 : 상품, 제품

② 판매를 목적으로 생산과정에 있는 자산 : 재공품, 반제품

③ 판매할 자산을 생산하는데 사용되거나 소모될 자산 : 원재료, 저장품

(2) 재고자산의 흐름(제조업)

제품을 생산 판매하기 위해 원재료를 구매하여 각종 가공을 하여 제품을 완성시키게 된다. 이 때, 가공을 위한 노무비, 전력비, 공장 감가상각비 등이 모두 가공비용으로서 제품의 원가에 포함하게 된다. 즉, 원재료에 가공을 하여 제조 공정 중에 있는 것은 재공품의 계정으로 재공품이 완성이 되면 제품 계정으로 대체시킨다. 이런 일련의 흐름을 아래 분개로 살펴보자.

원재료(재료비)	노무비
① 원재료의 구입	③ 노무비의 발생
② 원재료의 공정 투입	④ 노무비의 공정 투입
제조간접비	재공품의 완성
⑤ 제조간접비의 발생	⑧ 재공품의 완성
⑥ 제조간접비로 대체	
⑦ 재공품으로 대체	

(3) 재고자산의 취득원가

모든 자산의 취득원가는 당해 자산을 사용가능하기까지 지출된 모든 비용을 포함한다. 따라서, 재고자산의 취득원가는 재고자산을 판매가능하기까지 소요된 모든 비용을 포함하고 있다.

포함 비용	제외 비용
① 물품 구입비	① 매입에누리 및 매입환출
② 운반비, 매입수수료, 관세, 보험료, 통관비, 검수비, 매입보관비	② 매입할인
③ 건설자금이자	③ 현재가치할인차금
④ shipper's usance 이자, D/A이자	

(4) 재고자산의 평가

기말재고자산의 평가는 수량과 단가에 의해서 결정된다.

기말재고자산의 가액 = 기말 재고수량×단가

① 수량결정방법 : 재고자산수불부의 작성 형태에 따라 다음과 같이 구분한다.
- 실지재고조사법 : 기말에 실제로 재고조사를 실시하여 기말 수량을 확인하여 [기초수량＋당기매입수량－기말재고수량 = 출고된 수량]으로 출고 수량을 산정한다. 이는 재고자산수불부에 입고될 때마다 기록하고 출고의 내용은 기록하지 않는다.
- 계속기록법 : 재고자산의 입·출고를 계속적으로 기록하고 기말에 재고실사를 하여 기말수량과 장부상의 수량이 일치하는지 확인한다.

② 단가결정방법 : 재고자산의 취득원가가 취득시마다 다르므로 원가흐름에 대한 가정을 하여 다음의 방법에 의해 단가를 결정한다.
- 개별법 : 재고자산을 개별적으로 식별하여 단가를 산정하는 방법이

다. 이는 주로 귀금속, 고가의류 등에 적용된다. 원가의 흐름에 대한 가정이 실제와 일치한다.

- 선입선출법 : 먼저 입고된 재고자산이 먼저 출고된다고 가정한다. 따라서 물가 상승시에는 기말재고가 과대계상된다.

- 후입선출법 : 나중에 입고된 재고자산이 먼저 출고된다고 가정한다. 따라서 물가 상승시에는 기말재고가 과소계상된다.

- 총평균법 : 총판매가능액에서 총판매가능수량을 나누어 단위원가를 산출한 다음 기말재고수량을 곱하여 기말재고금액을 계산하는 방법이다.

- 이동평균법 : 재고자산을 취득시마다 평균단가를 계산하여 그 단가를 출고되는 재고자산에 적용하는 방법이다.

- 매출가격환원법 : 매가로 추정된 기말재고액을 원가로 환원하는 방법으로서 백화점, 슈퍼마켓 등의 기업이나 단가가 낮고 거래량이 많은 재고자산의 특성에 비추어 다른 방법을 적용하는 것보다 합리적이라고 판단되는 경우에만 인정된다.

③ 저가법 : 취득원가에 의한 기말재고액을 산정한 후 순실현가능액과 비교하여 순실현가능액보다 낮은 경우에는 평가손실을 계상한다. 이것이 저가법이다.

- 세무상 재고자산의 평가

  - 재고자산의 평가방법을 당해 법인의 설립일 또는 수익사업개시일이 속하는 사업연도의 과세표준 신고기한 내에 신고하여야 한다.

  - 재고자산의 평가방법을 신고하지 않은 경우에는 선입선출법에 의한 평가액을 기말재고액으로 한다.

  - 재고자산의 평가방법을 변경하고자 하는 법인은 적용하고자 하는 사업연도의 종료일 이전 3월이 되는 날까지 변경신고서를 제출하여야 한다.

  - 파손, 부패 등의 사유로 인하여 평가손실을 계상하고 이를 결산에 반영한 경우에는 평가방법의 신고 유무에 불구하고 인정한다.

4. 재고자산

상 품

재고자산 < 유동자산 < 대차대조표

상품

판매를 목적으로 구입한 상품·미착상품·적송품 등을 말한다. 미착상품은 상품 구입 후 운송중인 상품으로서 주로 수입의 경우에 발생한다.

분개사례

① 상품을 구입하면서 부대비용을 지급하는 경우

(주)흥부로부터 갑상품을 구입하면서 입고시까지 운송료 110,000원(부가세 포함), 하역비 110,000원(부가세 포함)의 매입부대비용을 현금으로 지급하고, 세금계산서를 교부받다.

[차변] 상품	200,000	[대변] 현금	220,000
부가세대급금	20,000		

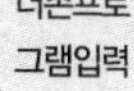

더존프로 그램입력	• 재무회계 > 전표입력/장부 > 매입매출전표입력
	• 유형(매입:과세) > 품명(운반비 외) > 공급가액 > 거래처 > 분개(현금)
	• 출금(상품)

② 상품을 외상으로 구입하는 경우

흥부(주)로부터 갑상품을 구입하면서 대금 11,000,000원(부가세 포함)은 외상으로 하다.

```
[차변] 상품              10,000,000   [대변] 현금              11,000,000
       부가세대급금       1,000,000
```

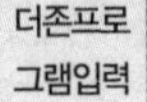

- 재무회계 > 전표입력/장부 > 매입매출전표입력
- 유형(매입:과세) > 품명(갑상품) > 공급가액 > 거래처 > 분개(현금)
- 차변(상품)

 ## 세무회계 유의사항

① 상품 취득시에 수반되는 부대비용은 「상품」계정으로 계상한다.

② 공급자로부터 입금표와 거래명세표, 세금계산서를 수취한다.

③ 상품이 입고되는 때 수취한 거래명세표와 당초 주문내역을 비교하여 확인한다.

제 품

재고자산 < 유동자산 < 대차대조표

제품

제조업체가 판매를 목적으로 제조한 생산품, 부산물 등을 처리하는 계정으로서 완성품을 말한다. 제품은 외부에서 원재료 등을 구입하여 내부에서 제조공정을 거치거나 또는 외주를 주어 가공한 재화이다.

분개사례

① 재공품이 완성되어 제품으로 대체되는 경우

제조공정 중인 재공품 4,000,000원이 완성되어 제품으로 대체시키다.

[차변] 제품	4,000,000	[대변] 재공품	4,000,000

더존프로 그램입력
- 재무회계 > 전표입력/장부 > 일반전표입력
- 대체차변 > 제품 > 금액 > 현재적요
- 대체대변 > 재공품 > 금액 > 현재적요

② 제품을 판매하는 경우

완성된 제품을 판매하고, 대금 5,500,000원(부가세 포함)은 외상으로 하다.

[차변] 외상매출금	5,500,000	[대변] 제품매출	5,000,000
		부가세예수금	500,000

- 재무회계 > 전표입력/장부 > 매입매출전표입력
- 유형(매출:과세) > 품명(제품) > 공급가액 > 거래처 > 분개(외상)
- 대변(제품매출)

📚 세무회계 유의사항

① 제조진행중인 것으로 판매가 가능한 반제품이 판매되는 경우 제품매출
이 아닌 반제품매출로 기입하여야 한다.

② 부산물의 판매금액이 미미할 경우에는 영업외수익의 잡수익으로 계상하
여도 무방하다.

③ 제품의 인도시점에 세금계산서를 교부한다.

원재료

재고자산 < 유동자산 < 대차대조표

📚 원재료

제품의 주요부분이 되는 재료 외에 보조적인 재료, 공장 내에서의 소모품, 부품, 소모용의 공구, 연료 등이 이 과목으로 처리된다.

📚 분개사례

① 원재료를 외상으로 구입하는 경우

갑제품의 제조를 위하여 (주)흥부로부터 원재료를 외상으로 매입하다. 원재료 금액은 1,100,000원(부가세 포함)이다.

[차변] 원재료	1,000,000	[대변] 외상매입금	1,100,000
부가세대급금	100,000		

더존프로 그램입력	• 재무회계 > 전표입력/장부 > 매입매출전표입력 • 유형(매입:과세) > 품명(재료비) > 공급가액 > 분개(외상) • 차변(원재료)

② 원재료가 제조공정에 투입되는 경우

700,000원에 해당되는 원재료를 제조공정에 투입하다.

[차변] 원재료비	700,000	[대변] 원재료	700,000

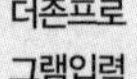

- 재무회계 > 전표입력/장부 > 일반전표입력
- 대체차변 > 원재료비 > 금액 > 현재적요
- 대체대변 > 원재료 > 금액 > 현재적요

[전산입력시 유의사항]

전산전표 입력시 분개를 외상으로 선택한 경우 「원재료」계정만 수정가능하다.

세무회계 유의사항

① 재고자산수불부의 입고란·출고란에 각각 기입한다.

② 거래명세표와 세금계산서를 수취한다.

③ 원재료와 부재료를 구분하여 사용하여도 무방하다.

④ 원재료의 취득원가는 원재료의 매입가액에 부대비용인 운임, 하역비, 관세 등을 포함한 금액이다.

⑤ 당기제품제조원가 계산을 위해 기말재고가액을 계산하여야 한다.

재공품

재고자산 < 유동자산 < 대차대조표

📚 재공품

제품 또는 반제품의 제조를 위하여 제고과정에 있는 것을 말한다.

📚 분개사례

① 제조원가를 재공품으로 대체시키는 경우

갑제품의 제조에 투입된 재료비 700,000원을 재공품으로 대체시키다.

[차변] 재공품	700,000	[대변] 재료비	700,000

더존프로 그램입력	• 재무회계 > 전표입력/장부 > 일반전표입력 • 대체차변 > 재공품 > 금액 > 현재적요(7) • 대체대변 > 재료비(원재료비) > 금액 > 현재적요

📚 세무회계 유의사항

당기제품제조원가 계산을 위해 기말재고가액을 계산하여야 한다.

저장품

재고자산 < 유동자산 < 대차대조표

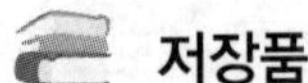 **저장품**

사무용품, 수선용품, 소모품 등 사용하지 않고 저장중인 물품을 말한다. 지급되어 사용된 경우는 여러 가지 비용계정에 대체된다. 물품의 비용은 업종에 따라 다양하다.

분개사례

① 소모공구비품을 비용으로 계상하는 경우

소모공구비품을 구입하고 비용계상하다. 금액은 1,320,000(부가세 포함)을 현금으로 지급하고 세금계산서 교부받다.

[차변] 소모품비	1,200,000	[대변] 현금	1,320,000
부가세대급금	120,000		

더존프로 그램입력	• 재무회계 > 전표입력/장부 > 매입매출전표입력
	• 유형(매입:과세) > 품명(소모공구비품) > 공급가액 > 거래처 > 분개(현금)
	• 차변(소모품비)

② 소모공구비품 미사용분을 자산 계상하는 경우

소모공구비품 1,320,000원(부가세 포함)을 구입하면서 비용으로 계상하였고,

결산시 미사용재고 700,000원을 자산으로 계상하다.

| [차변] 저장품 | 700,000 | [대변] 소모품비 | 700,000 |

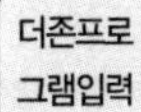
더존프로 그램입력

- 재무회계 > 전표입력/장부 > 일반전표입력
- 대체차변 > 저장품 > 금액 > 현재적요
- 대체대변 > 소모품비 > 금액 > 현재적요

세무회계 유의사항

① 취득시에는 소모품(자산)으로 계상하였다가 결산시 사용분만큼 소모품비 (비용)로 계상할 수 있다.

② 결산일에 중요성의 원칙(금액이 소액인 경우)에 위배되지 않는다면 자산 으로 대체시키지 않아도 된다.

반제품

재고자산 < 유동자산 < 대차대조표

반제품

제조업에서 자가제조한 중간제품과 부분품으로서 현재 상태에서 판매할 수
있는 것을 말한다.

분개사례

① 재공품을 반제품으로 대체시키는 경우

판매가 가능한 재공품 중 1,000,000원을 반제품으로 대체시키다.

| [차변] 반제품 | 1,000,000 | [대변] 재공품 | 1,000,000 |

더존프로그램입력
- 재무회계 > 전표입력/장부 > 일반전표입력
- 대체차변 > 반제품 > 금액 > 현재적요
- 대체대변 > 재공품 > 금액 > 현재적요(8)

[전산입력시 유의사항]

전산전표 입력시 재공품의 적요를 '8'(타계정으로 대체액)으로 표시해야
결산자료에 자동반영된다.

적송품

재고자산 < 유동자산 < 대차대조표

 **적송품**

위탁자가 수탁자에게 판매를 위탁하기 위하여 보낸 상품을 말한다.

분개사례

① 판매위탁상품을 적송시 운임을 부담하는 경우

판매위탁상품 적송시 운임 30,000원을 현금으로 지급하다.

[차변] 적송품	30,000	[대변] 현금	30,000

더존프로 그램입력
- 재무회계 > 전표입력/장부 > 일반전표입력
- 출금 > 적송품 > 금액 > 현재적요

② 상품을 수탁자에게 보내는 경우

(주)흥부에게 갑상품 판매를 위탁하였고, 1,000,000원어치의 갑상품을 (주)흥부에게 보내다.

[차변] 적송품	1,000,000	[대변] 상품	1,000,000

더존프로 그램입력
- 재무회계 > 전표입력/장부 > 일반전표입력
- 대체차변 > 적송품 > 금액 > 현재적요
- 대체대변 > 상품 > 금액 > 현재적요

 **세무회계 유의사항**

① 상품 적송시 수반되는 운임 등은 「적송품」계정으로 계상한다.

② 위탁판매에 대한 계약서 등을 2부 작성하여 1부는 상대방에게 주고 1부는 보관한다. 이 때 계약서에는 위탁판매수수료 등에 대한 내용을 포함시킨다.

③ 수탁자가 제3자에게 판매할 때까지 수탁자가 점유하고 있어도 단순히 보관하고 있는 것에 불구하므로 소유권이 이전된 것이 아니다. 따라서 적송품은 수탁자가 제3자에게 판매하기 전까지는 위탁자의 재고자산에 포함한다.

제 3 장   고정자산

1. 고정자산의 개요

고정자산은 투자자산, 유형자산, 무형자산으로 구분한다.

투자자산은 기업의 투자 목적으로 보유하는 자산을 말한다.

유형자산은 정상적인 영업활동에 사용할 목적으로 보유하는 자산으로서 여러 회계기간 동안 경제적 효익을 제공하는 물리적 실체를 가지고 있는 자산이다.

무형자산은 물리적 실체는 없지만 기업에 경제적 효익을 제공하는 자산이다.

투자자산	유형자산	무형자산
장기금융상품 투자유가증권 장기대여금 장기성매출채권 투자부동산 보증금	토지 건물 기계장치 차량운반구 비품 공구와기구 건설중인자산	영업권 산업재산권 개발비

2. 투자자산

장기금융상품

투자자산 < 고정자산 < 대차대조표

📚 장기금융상품

유동자산에 속하지 아니하는 금융상품으로 하고, 사용이 제한되어 있는 예금에 대해서는 그 내용을 주석으로 기재한다.

📚 분개사례

① 장기금전신탁에 가입하는 경우

하나은행의 2년 만기 금전신탁(10,000,000원)에 가입하다.

[차변] 장기금융상품	10,000,000	[대변] 현금	10,000,000

더존프로 그램입력
- 재무회계 > 전표입력/장부 > 일반전표입력
- 출금 > 장기금융상품(장기성예금)

② 장기금전신탁이 만기가 되는 경우

2년 전에 가입한 장기금전신탁(10,000,000원)이 만기가 되어 이자(1,000,000원)와 함께 보통예금통장에 입금되다. 미수이자 800,000원이 계상되어 있고 원천세 165,000원이 입금액에서 차감되다.

[차변] 보통예금	10,835,000	[대변] 장기금융상품	10,000,000
선납세금	165,000	미수이자	800,000
		이자수익	200,000

더존프로
그램입력

- 재무회계 > 전표입력/장부 > 일반전표입력
- 대체차변 > 보통예금, 선납세금 > 금액 > 현재적요
- 대체대변 > 장기금융상품, 미수이자, 이자수익 > 금액 > 현재적요

📚 세무회계 유의사항

① 장단기의 구분은 결산일로부터 1년 내의 여부로 구분한다.

② 장기금융상품에 대출담보 등의 사유로 예금인출이 제한되어 있는 경우에는 반드시 주석사항으로 기재하여야 한다.

③ 결산시 기간경과분에 대한 이자를 계산하여 미수이자를 계상한다.

④ 장부에 계상된 미수이자에 대한 수익이자 계상분에 대해 익금불산입(원천징수되지 않은 이자는 제외)으로 세무조정한다.

투자유가증권

투자자산 < 고정자산 < 대차대조표

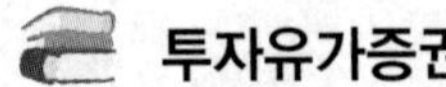 **투자유가증권**

유동자산에 속하지 아니하는 유가증권으로서 투자주식과 투자사채로 구
분되는데, 기업이 보유하고 있는 주식, 사채 등으로서 장기간의 투자수익을
얻기 위하여 또는 다른 기업의 경영활동에 직접적으로 참여하기 위하여 취
득한 자산을 말한다. 투자유가증권과 유가증권의 구분은 시장성 유무와 보
유목적 및 특수관계자 여부에 의한다.

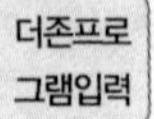 **분개사례**

① 장기보유 목적으로 주식을 구입하는 경우

장기보유목적으로 (주)흥부의 주식 1,000주를 주당 @1,000원에 구입하다.

[차변] 투자유가증권	1,000,000	[대변] 현금	1,000,000

더존프로 그램입력	• 재무회계 > 전표입력/장부 > 일반전표입력 • 출금 > 투자유가증권 > 금액 > 현재적요

② 투자주식을 결산일에 평가하는 경우

상기의 (주)흥부 주식이 주당 @1,200원으로 결산일에 평가되다.

[차변] 투자유가증권   200,000 [대변] 투자유가증권평가이익   200,000

더존프로 그램입력
- 재무회계 > 전표입력/장부 > 일반전표입력
- 대체차변 > 투자유가증권 > 금액 > 현재적요
- 대체대변 > 투자유가증권평가이익 > 금액 > 현재적요

③ 장기보유 목적으로 구입한 주식을 매각하는 경우

장기보유목적으로 2004년에 취득한 (주)흥부의 주식(주당 @1,000원, 1,000주)가 결산일에 주당 @1,200원이었다. 이 주식 모두를 주당 1,500원에 매각하면서 증권거래수수료 등 100,000원을 차감하고 현금으로 받다.

[차변] 현금	1,400,000	[대변] 투자유가증권	1,200,000
투자유가증권평가이익	200,000	투자자산처분이익	400,000

더존프로 그램입력
- 재무회계 > 전표입력/장부 > 일반전표입력
- 대체차변 > 현금, 투자유가증권평가이익(투자주식평가이익) > 금액 > 현재적요
- 대체대변 > 투자유가증권, 투자자산처분이익 > 금액 > 현재적요

📖 세무회계 유의사항

① 투자유가증권관리대장을 작성하여 품목별 취득연월일, 액면금액, 수량 등 필요한 사항을 기록하여 항상 실물의 내용을 파악한다.

② 투자주식을 처분할 때 투자주식평가손익이 있는 경우 반제시켜야 한다.

③ 투자주식과 투자사채로 구분하여 회계처리하고 대차대조표상에는 「투자유가증권」으로 공시한다.

④ 비상장주식을 양도하는 경우에는 양도가액의 0.5%에 상당하는 증권거래세를 양도일의 다음달 10일까지 신고·납부한다.

장기대여금

투자자산 < 고정자산 < 대차대조표

 **장기대여금**

일반적인 상거래와 관련없는 금전 채권 중 상환기간이 1년 이상인 대여금을 말한다.

 **분개사례**

① 장기간으로 돈을 빌려주는 경우

3년 후에 받기로 하고 (주)흥부에게 10,000,000원을 빌려주기로 하고, 보통예금에서 이체시키다.

[차변] 장기대여금	10,000,000	[대변] 보통예금	10,000,000

더존프로 그램입력
- 재무회계 > 전표입력/장부 > 일반전표입력
- 대체차변 > 장기대여금 > 거래처코드 > 금액 > 현재적요
- 대체대변 > 보통예금 > 거래처코드 > 금액 > 현재적요

② 장기대여금을 회수하는 경우

(주)흥부에게 장기대여한 10,000,000원을 보통예금으로 송금받다.

[차변] 보통예금	10,000,000	[대변] 장기대여금	10,000,000

<table>
<tr><td>더존프로
그램입력</td><td>
• 재무회계 > 전표입력/장부 > 일반전표입력
• 대체차변 > 보통예금 > 거래처코드 > 금액 > 현재적요
• 대체대변 > 장기대여금 > 거래처코드 > 금액 > 현재적요
</td></tr>
</table>

 세무회계 유의사항

① 장·단기의 구분은 사업연도종료일로부터 1년 이내에 상환도래 유무이다.

② 금전소비대차계약서를 작성하여 보관한다.

③ 기업회계기준에서 명목가액과 현재가치와의 차이가 중요한 경우에는 현재가치로 평가함을 원칙으로 하고 있다. 단, 중소기업기본법에 의한 중소기업은 제외한다.

④ 자산의 판매손익 등의 귀속사업연도 : 법인이 장기할부조건 등에 의하여 자산을 판매하거나 양도함으로써 발생한 채권에 대하여 기업회계기준이 정하는 바에 따라 현재가치로 평가하여 현재가치할인차금을 계상한 경우 당해 현재가치할인차금상당액은 당해 채권의 회수기간동안 기업회계기준이 정하는 바에 따라 환입하였거나 환입할 금액을 각 사업연도의 익금에 산입한다.

관련법령

법인세법 시행령 제68조 5항

장기성매출채권

투자자산 < 고정자산 < 대차대조표

 **장기성매출채권**

유동자산에 속하지 아니하는 일반적 상거래에서 발생한 장기의 매출채권 및 받을어음을 말한다. 즉, 외상매출금의 회수기한이 1년 이상 또는 받을어음의 만기가 1년 이상인 경우가 해당된다.

 **분개사례**

① 제품을 판매하고 장기성 어음을 지급받는 경우

갑제품을 (주)흥부에게 판매하고 만기 1년 6개월인 어음(액면금액 4,400,000원)을 받고, 세금계산서를 교부해 주다.

| [차변] 장기성매출채권 | 4,400,000 | [대변] 제품매출 | 4,000,000 |
| | | 부가세예수금 | 400,000 |

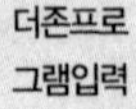

더존프로 그램입력	• 재무회계 > 전표입력/장부 > 매입매출전표입력
	• 유형(매출:과세) > 품명(갑제품) > 공급가액 > 거래처 > 분개(혼합)
	• 차변(장기성매출채권) > 자금관리 > 어음입력 > 대변(제품매출)

② 장기성 어음이 만기가 도래하는 경우

액면금액 4,400,000원의 장기성 어음이 만기가 되어 추심하여 당좌예금으로
받는다.

[차변] 당좌예금	4,400,000	[대변] 장기성매출채권	4,400,000

**더존프로
그램입력**
- 재무회계 > 전표입력/장부 > 일반전표입력
- 대체차변 > 당좌예금 > 거래처코드 > 금액 > 현재적요
- 대체대변 > 장기성매출채권 > 거래처코드 > 금액 > 현재적요

투자부동산

투자자산 < 고정자산 < 대차대조표

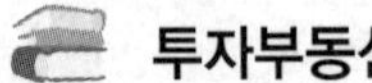 투자부동산

투자의 목적 또는 비영업용으로 소유하는 토지·건물 및 기타의 부동산을 말한다.

분개사례

① 투자 목적으로 건물을 취득하는 경우

놀부(주)는 도매업이 주업인데, 투자 목적으로 건물을 100,000,000원에 구입하고 대금은 보통예금으로 송금하다.

[차변] 투자부동산	100,000,000	[대변] 보통예금	100,000,000

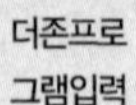 더존프로 그램입력

- 재무회계 > 전표입력/장부 > 일반전표입력
- 대체차변 > 투자부동산 > 금액 > 현재적요
- 대체대변 > 보통예금 > 거래처코드 > 금액 > 현재적요

세무회계 유의사항

① 투자목적으로 취득한 건물은 유형자산이 아닌 투자자산으로 분류한다.

② 투자부동산은 감가상각을 할 수 없다. 따라서, 회계상 감가상각을 한 경

우 세무상으로 손금불산입사항이다.

③ 비업무용부동산에 관련된 취득가액과 비용들은 법인세법상 손금으로 인정치 않는다.

④ 비업무용부동산은 업부무관자산으로서 취득가액, 장부가액, 기준시가 중 큰 금액이 차입금에서 차지하는 비율만큼의 지급이자는 손금으로 인정하지 않는다.

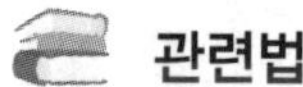 **관련법령**

법인세법 제27조

법인세법 제28조

법인세법 시행령 제49조

보증금

투자자산 < 고정자산 < 대차대조표

📚 보증금

전세권·전신전화가입권·임차보증금 및 영업보증금 등을 말한다. 임차보증금의 경우 계약기간 종료 후에는 받을 수 있는 금액이므로 자산 계상한다.

📚 분개사례

① 공사 입찰에 참여하기 위해 보증금을 지급하는 경우

공사 입찰에 참여하기 위해 입찰보증금 20,000,000원을 당좌수표로 지급하다.

[차변] 보증금	20,000,000	[대변] 당좌예금	20,000,000

더존프로 그램입력	• 재무회계 > 전표입력/장부 > 일반전표입력 • 대체차변 > 보증금(기타보증금) > 금액 > 현재적요 • 대체대변 > 당좌예금 > 거래처코드 > 금액 > 현재적요

② 입찰보증금을 반환받는 경우

상기의 입찰보증금 20,000,000원을 보통예금으로 반환받다.

[차변] 보통예금	20,000,000	[대변] 보증금	20,000,000

더존프로 그램입력	• 재무회계 > 전표입력/장부 > 일반전표입력
	• 대체차변 > 보통예금 > 거래처코드 > 금액 > 현재적요
	• 대체대변 > 보증금(기타보증금) > 금액 > 현재적요

③ 사무실 보증금을 지급하는 경우

사무실을 임차하면서 보증금 10,000,000원을 현금으로 지급하다.

[차변] 보증금	10,000,000	[대변] 현금	10,000,000

더존프로 그램입력	• 재무회계 > 전표입력/장부 > 일반전표입력
	• 출금(보증금)

3. 유형자산

토지

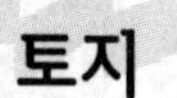

유형자산 < 고정자산 < 대차대조표

📚 토지

업무용 토지와 비업무용 토지를 일괄적으로 처리하는 계정이다. 다만, 투자 목적으로 취득한 토지는 투자부동산으로 계상한다.

📚 분개사례

① 토지를 구입하면서 취득세·등록세 등을 지급하는 경우

토지 500평을 200,000,000원에 구입하면서 취득세 등으로 500,000원을 현금 지급하다.

[차변] 토지	500,000	[대변] 현금	500,000

더존프로그램입력
- 재무회계 > 전표입력/장부 > 일반전표입력
- 출금 > 토지 > 금액 > 현재적요

② 토지를 외상대금으로 받은 경우

(주)흥부의 외상대금을 현금으로 받기가 곤란하여 (주)흥부가 소유하고 있는 토지 100평(시가 6,000,000원, 공시지가 5,000,000원)으로 대신 받다.

```
[차변] 토지              6,000,000   [대변] 외상매출금        6,000,000
```

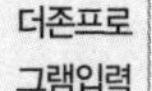

- 재무회계 > 전표입력/장부 > 일반전표입력
- 대체차변 > 토지 > 금액 > 현재적요
- 대체대변 > 외상매출금 > 거래처코드 > 금액 > 현재적요

세무회계 유의사항

① 토지 취득시에 수반되는 부대비용인 중개수수료, 취득세·등록세 등은 토지의 취득가액으로 계상하여야 한다.

② 대물변제받은 경우 취득가액은 시가로 계상한다.

③ 등기부등본에 명의이전 등의 소유권을 설정하고, 토지대장·등기부등본 등의 서류를 보관한다.

④ 외상대금 대신 자산으로 대물변제한다는 약정서 또는 합의서 등을 작성하여 보관한다.

⑤ 부동산매매업자의 경우에는 유형자산이 아닌 재고자산으로 분류하여야 한다.

⑥ 중개수수료 용역은 부가세 과세이므로 세금계산서를 수취하여 보관한다.

건 물

유형자산 < 고정자산 < 대차대조표

건물

건물과 냉난방·조명·통풍 및 기타의 건물부속설비를 말한다.

분개사례

① 300만원 이상 되는 건물 수선비를 지급하는 경우

재해로 파손된 건물의 수선비 3,850,000원(부가세 포함)을 보통예금에서 이체
해주고 세금계산서를 교부받다.

[차변] 건물	3,500,000	[대변] 보통예금		3,850,000
부가세대급금	350,000			

더존프로 그램입력
- 재무회계 > 전표입력/장부 > 매입매출전표입력
- 유형(매입:과세) > 품명(건물수선비) > 공급가액 > 거래처 > 분개(혼합)
- 차변(건물) > 대변(보통예금) > 적요변경 > 거래처(보통예금코드)

② 건물을 처분하면서 세금계산서를 교부하는 경우

본사 건물(취득가액 50,000,000원, 감가상각누계액 20,000,000원)을 27,500,000
원(부가세 포함)에 팔고 대금은 보통예금으로 받다.

[차변] 보통예금	27,500,000	[대변] 건물	50,000,000
감가상각누계액	20,000,000	부가세대급금	2,500,000
유형자산처분손실	5,000,000		

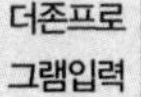

더존프로 그램입력
- 재무회계 > 전표입력/장부 > 매입매출전표입력
- 유형(매출:과세) > 품명(건물처분) > 공급가액 > 거래처 > 분개(혼합)
- 차변(감가상각누계액, 유형자산처분손실, 보통예금) > 적요변경 > 거래처(보통 예금코드) > 대변(건물)

③ 건물 취득시 취득세ㆍ등록세를 납부하는 경우

지사 사옥을 취득하면서 취득세 2,000,000원, 등록세 3,000,000원을 현금으로 납부하다.

[차변] 건물	5,000,000	[대변] 현금	5,000,000

더존프로 그램입력
- 재무회계 > 전표입력/장부 > 일반전표입력
- 출금 > 건물 > 거래처명 > 금액 > 현재적요

[전산입력시 유의사항]

전산전표 입력시 「감가상각누계액」은 건물의 차감계정 코드로 입력한다.

세무회계 유의사항

① 개별 자산별로 300만원 이상 되는 수선비는 자본적지출로 보므로 해당 자산의 계정과목으로 계상하여야 한다.

② 자산을 취득하여 부가세 매입세액을 받은 후 일정기간 내에 처분하는 경우에는 공제받은 매입세액 중 일정 산식에 의해 계산된 매입세액을 납부하여야 한다.

③ 건물 취득시 수반되는 취득세·등록세 등과 같은 부대비용은 건물의 취득가액으로 계상하여야 한다.

④ 세무상 건물의 감가상각방법은 정액법만 인정한다.

구축물

유형자산 < 고정자산 < 대차대조표

📚 구축물

건물 외의 구조물 등을 처리하는 계정과목이다.

📚 분개사례

① 공장 굴뚝을 설치하는 경우

공장의 굴뚝을 3,850,000원(부가세 포함)에 외상으로 설치하고 세금계산서를 교부받다.

[차변] 구축물	3,500,000	[대변] 미지급금		3,850,000
부가세대급금	350,000			

더존프로 그램입력
- 재무회계 > 전표입력/장부 > 매입매출전표입력
- 유형(매입:과세) > 품명(공장굴뚝) > 공급가액 > 거래처 > 분개(혼합)
- 차변(구축물) > 대변(미지급금) > 적요변경 > 거래처코드

📚 세무회계 유의사항

세무상 구축물의 감가상각방법은 정액법과 정률법을 인정하고 있다.

기계장치

유형자산 < 고정자산 < 대차대조표

기계장치

기계장치 · 운송설비(콘베어 · 호이스트 · 기중기 등)와 기타의 부속설비를 말한다.

분개사례

① 기계를 외상으로 구입하는 경우

기계를 5,500,000원(부가세 포함)에 외상으로 구입하고, 운반비 220,000원(부가세 포함)을 현금으로 지급하다. 세금계산서를 각각 교부받다.

| [차변] 기계장치 | 5,200,000 | [대변] 외상매입금 | 5,500,000 |
| 부가세대급금 | 520,000 | 현금 | 220,000 |

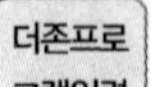

- 재무회계 > 전표입력/장부 > 매입매출전표입력
- 유형(매입:과세) > 품명(기계운반비) > 공급가액 > 거래처 > 분개(현금)
- 출금(기계장치)

📚 세무회계 유의사항

① 기계를 구입하면서 수반되는 시운전비, 운반비 등의 부대비용은 기계장치의 취득가액으로 계상한다.

② 세무상 기계장치의 감가상각방법은 정액법, 정율법 모두 인정하고 있다.

차량운반구

유형자산 < 고정자산 < 대차대조표

차량운반구

육상 수송을 위하여 취득한 모든 운송수단을 처리하는 계정과목이다.

분개사례

① 차량을 할부로 구입하는 경우

봉고 1대를 12,100,000원(부가세 포함)에 구입하다. 1,100,000원은 현금으로 결제하고, 잔금 11,000,000원은 10개월 할부로 하다. 할부금은 매월 25일 보통예금통장에서 1,100,000원씩(100,000원은 할부이자임) 자동이체되다.

[차변] 차량운반구	11,000,000	[대변] 현금	1,100,000
부가세대급금	1,100,000	미지급금	11,000,000

더존프로 그램입력	• 재무회계 > 전표입력/장부 > 매입매출전표입력 • 유형(매입:과세) > 품명(봉고) > 공급가액 > 거래처 > 분개(혼합) • 차변(차량운반구) > 대변(미지급금, 현금)

② 차량할부금이 통장에서 이체되는 경우

상기의 미지급된 차량할부금 1,100,000원(2회분)이 통장에서 자동이체되다.

[차변] 미지급금	1,100,000	[대변] 보통예금	1,100,000

<table>
<tr><td>더존프로
그램입력</td><td>
• 재무회계 > 전표입력/장부 > 일반전표입력
• 대체차변 > 미지급금 > 거래처코드 > 금액 > 현재적요
• 대체대변 > 보통예금 > 거래처코드 > 금액 > 현재적요
</td></tr>
</table>

세무회계 유의사항

① 주된 영업활동 외의 활동에서 발생한 채무이므로 외상매입금이 아닌 「미지급금」의 계정으로 계상한다.

② 차량 구입시 발생하는 취득세·등록세 등은 차량운반구의 계정으로 계상한다.

③ 차량 구입 및 유지에 관한 매입세액으로서 8인 이하의 소형승용자동차와 관련된 것은 불공제 적용된다(차량 구입시 특별소비세가 과세되는 차량은 매입세액불공제사항임).

[차량과 관련된 매입세액]
비영업용 소형승용자동차의 구입과 유지에 관한 매입세액은 불공제한다.
① 비영업용 : 영업용이라 함은 운수업에서와 같이 승용자동차를 직접 영업에 사용하는 것을 말하므로 그러하지 아니한 것은 비영업용에 해당한다.
② 소형승용자동차 : 특별소비세법 시행령 제1조 별표1에 열거되어 있는 주로 사람의 수송을 목적으로 제작된 차량을 말한다.
③ 소형승용자동차의 임차비용의 매입세액 : 사업자가 타인 소유의 소형승용자동차를 임차하여 비영업용으로 사용하고 지불한 대가 및 당해 소형승용자동차의 유지에 대한 매입세액은 공제하지 아니한다.

④ 차량 취득시 납부한 취득세·등록세 등을 세금과공과로 계상한 경우 세무상 감가상각비 한도액 계산시 감가상각비 계상액에 세금과공과로 계상한 금액을 포함하여 한도 계산하여야 한다.

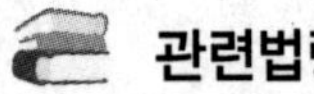 **관련법령**

부가법 제17조 2항

부가법 통칙 17-60-1

비 품

유형자산 < 고정자산 < 대차대조표

비품

회사에서 사용하기 위해 구입한 컴퓨터, 프린터, 팩스 등의 취득가액을 처리하는 계정과목이다.

분개사례

① 컴퓨터를 구입하는 경우

컴퓨터를 2,200,000원(부가세 포함)에 현금으로 구입하고, 세금계산서를 교부받다.

[차변] 비품	2,000,000	[대변] 현금		2,200,000
부가세대급금	200,000			

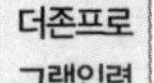

- 재무회계 > 전표입력/장부 > 매입매출전표입력
- 유형(매입:과세) > 품명(컴퓨터) > 공급가액 > 거래처 > 분개(현금)
- 출금(비품)

세무회계 유의사항

소매업을 영위하는 공급자로부터 비품 등을 구입하는 경우 신용카드로 결

제한 경우 세금계산서를 교부하지 않으므로 신용카드매출전표(공급자의 이
면확인분)로 부가세매입세액을 공제받을 수 있다.

 **관련법령**

부가가치세법 제32조의 2

공구와기구

유형자산 < 고정자산 < 대차대조표

공구와기구

주로 제조활동을 원활하게 하기 위해 그 내용연수가 1년 이상이며, 그 금액이 상당액 이상인 공구 등을 취득할 때 처리하는 계정과목이다.

분개사례

① 공구을 구입하는 경우

1,320,000원(부가세 포함)의 금형을 현금으로 구입하면서 세금계산서를 교부받다.

[차변] 공구와기구	1,200,000	[대변] 현금	1,320,000
부가세대급금	120,000		

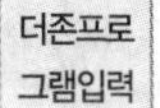

더존프로
그램입력

- 재무회계 > 전표입력/장부 > 매입매출전표입력
- 유형(매입:과세) > 품명(금형) > 공급가액 > 거래처 > 분개(현금)
- 출금(공구와기구)

세무회계 유의사항

① 입금표와 세금계산서를 수취하여 보관한다.

② 금형, 검사공구 등은 「공구와기구」계정으로 계상한다.

건설중인자산

유형자산 < 고정자산 < 대차대조표

 **건설중인자산**

유형자산을 건설, 취득하기 위하여 지출된 비용을 처리하는 계정으로서 완성 또는 취득시까지의 비용을 계상하는 계정과목이다. 건설중인자산은 건물 등이 완성될 때까지의 일시적인 계정으로서 지출할 때마다 이 계정으로 처리해두고, 완성시에 정식명칭의 계정으로 대체한다.

 **분개사례**

① 사옥을 건설하기 위해 약속어음을 발행하는 경우

지사 사옥을 건설하기 위해 선급분으로 11,000,000원(부가세 포함)을 약속어음으로 발행하다. 공사 기간은 1년이다. 세금계산서를 교부받다.

[차변] 건설중인자산	10,000,000	[대변] 지급어음	11,000,000
부가세대급금	1,000,000		

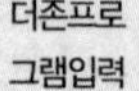
더존프로그램입력
- 재무회계 > 전표입력/장부 > 매입매출전표입력
- 유형(매입:과세) > 품명(사옥건설) > 공급가액 > 거래처 > 분개(혼합)
- 차변(건설중인자산) > 대변(지급어음) > 자금관리 > 어음입력

② 건설중인 사옥이 완성되어 잔금을 지급하는 경우

지사 사옥을 건설하기 위해 11,000,000원(부가세 포함)을 선급한 건물이 완성되어 잔금 33,000,000원(부가세 포함)을 약속어음으로 결제하다.

[차변] 건설중인자산	30,000,000	[대변] 지급어음	33,000,000
부가세대급금	3,000,000		

[차변] 건물	40,000,000	[대변] 건설중인자산	40,000,000

더존프로 그램입력

- 재무회계 > 전표입력/장부 > 매입매출전표입력
- 유형(매입:과세) > 품명(사옥 건설) > 공급가액 > 거래처 > 분개(혼합)
- 차변(건설중인자산) > 대변(지급어음) > 자금관리 > 어음입력
- 재무회계 > 전표입력/장부 > 일반전표입력
- 대체차변 > 건물 > 금액 > 현재적요
- 대체대변 > 건설중인자산 > 금액 > 현재적요

[전산입력시 유의사항]

건설이 완성된 분개의 전산전표 입력시 「건설중인자산」으로 계상하지 않고 바로 「건물」계정으로 분개를 하여 입력하면 데이터 체크에서 '계정합계의 공급대가 틀림'이라는 메시지가 나온다.

세무회계 유의사항

① 건물 취득시까지 지급되는 금액은 「건설중인자산」으로 계상하였다가 취득이 완료되는 시점에 「건물」계정으로 대체시킨다.
② 완성도기준지급의 경우에는 대가의 각 부분을 지급하는 시점마다 세금계산서를 교부받는다.
③ 부가가치세법상 용역의 공급시기는 다음과 같다.

- 통상적인 공급의 경우에는 역무의 제공이 완료되는 때
- 완성도기준지급, 중간지급, 장기할부 또는 기타 조건부로 용역을 공급하거나 그 공급단위를 구획할 수 없는 용역을 계속적으로 공급하는 경우에는 그 대가의 각 부분을 받기로 한 때
- 상기의 규정을 적용할 수 없는 경우에는 역무의 제공이 완료되고 그 공급가액이 확정되는 때

4. 무형자산

영업권

무형자산 < 고정자산 < 대차대조표

영업권

영업권이란 미래의 초과수익력을 화폐금액으로 표시한 것이며 자가창설 영업권은 인정되지 아니하고 합병, 영업양수도, 전세권 등과 같이 유상으로 취득하는 영업권만 회계상 인정한다. 즉, 초과수익력 유무에 관계없이 유상으로 취득한 가액을 계상한다.

분개사례

① 영업권을 유상 취득하면서 통장에서 이체시키는 경우

(주)흥부를 인수하면서 영업권가액으로 10,000,000원을 보통예금에서 이체하다.

[차변] 영업권	10,000,000	[대변] 보통예금	10,000,000

더존프로 그램입력	• 재무회계 > 전표입력/장부 > 일반전표입력 • 대체차변 > 영업권 > 금액 > 현재적요 • 대체대변 > 보통예금 > 거래처코드 > 금액 > 현재적요

 **세무회계 유의사항**

① 기업회계기준에서는 영업권의 상각방법을 정액법과 생산량비례법을 인정하고, 20년 이내의 기간동안 상각하도록 하고 있다.

② 세무상으로는 영업권의 상각방법을 정액법만 인정하고, 5년 동안 상각하도록 규정하고 있다. 즉, 임의상각으로서 당해연도에 상각하지 않고 차기이후에 상각하더라도 상각한도만 초과하지 않으면 손금으로 인정한다.

③ 법인이 다른 법인의 특정 사업부문을 양수함에 있어, 양수자산과는 별도로 영업상의 이점 등을 감안하여 적절한 평가방법에 따라 유상으로 취득하는 금액은 법인세법시행령 제24조 제1항 제2호 가목의 규정에 의한 영업권에 해당되는 것이나, 양수일 이후 당해 영업권에 대한 양수법인의 손금산입 효과에 따라 추가로 지급하는 금액 등 이에 해당하지 아니하는 금액은 동 규정에 의한 영업권으로 볼 수 없다.

 **관련법령**

서면인터넷방문상담 2팀-2274

산업재산권

무형자산 < 고정자산 < 대차대조표

산업재산권

법률에 의하여 일정기간 독립적 배타적으로 이용할 수 있는 권리로서 특허권, 실용신안권 등을 말한다.

분개사례

① 특허권 취득을 위해 비용을 선급하는 경우

7월 21일 갑상품의 특허권을 취득하기 위해 수수료 등 11,000,000원(부가세 포함)을 현금으로 지급하다.

[차변] 선급금	10,000,000	[대변] 현금	11,000,000
부가세대급금	1,000,000		

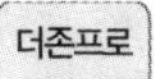

- 재무회계 > 전표입력/장부 > 매입매출전표입력
- 유형(매입:과세) > 품명(특허취득수수료) > 공급가액 > 거래처 > 분개(현금)
- 출금(선급금)

② 비용을 선급한 특허권을 취득하는 경우

7월 21일 갑상품의 특허권을 취득하기 위해 수수료 등 11,000,000원(부가세 포함)을 현금으로 지급하여 선급금으로 계상하였는데, 10월 11일에 갑상품의 특허권을 취득하였다. 10월 11일의 분개는 다음과 같다.

[차변] 특허권	10,000,000	[대변] 선급금	10,000,000

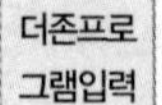

- 재무회계 > 전표입력/장부 > 일반전표입력
- 대체차변 > 특허권 > 금액 > 현재적요
- 대체대변 > 선급금 > 금액 > 현재적요

 **세무회계 유의사항**

① 산업재산권의 종류

- 특허권 : 특수한 발명이나 사실에 대하여 특허법상 그 발명인 및 소유자에게 일정기간동안 그 발명품의 제조 및 판매에 관하여 부여하는 권리
- 실용신안권 : 물품에 관하여 형상·구조 또는 그 결합에 있어서 실용성 있는 신규의 공업적 고안을 한 경우 실용신안법에 의하여 등록함으로써 발생하는 권리
- 의장권 : 물품의 모양·색채 또는 이들의 결합으로써 마감을 일으켜 상품이 판매를 촉진시킬 수 있는 전용권
- 상표권 : 동종의 타인 상품과 구별하기 위하여 특정상품에 문자·도형·기호·색채 등에 대하여 표창하는 상표의 전용권

② 특허권 취득시까지 지급된 비용은 「선급금」계정으로 계상하였다가 특허권 취득시 「특허권」계정으로 대체시킨다.

③ 특허권사용료를 매출액 등에 비례하여 지급하는 경우에는 「지급수수료」계정으로 계상한다.

④ 산업재산권의 내용연수

영업권, 의장권, 실용신안권, 상표권	5년
특허권, 어업권 등	10년

⑤ 법인이 산업자원부와 중기거점기술개발산업 협약에 의하여 개발사업비
(이하 '지원금'이라 함)를 지원받으면서 당해 기술개발사업이 실패하면
지원금의 반환의무가 없고, 성공하면 지원금 중 일부를 반환하는 조건
으로 지원금을 수령한 경우의 그 지원금의 손익귀속시기는 반환의무 여
부에 불구하고 당해 기술개발사업의 성공여부가 확정되는 날이 속하는
사업연도의 익금으로 하는 것이다.

 **관련법령**

서이 46012-11889, 2002.10.16

개발비

무형자산 < 고정자산 < 대차대조표

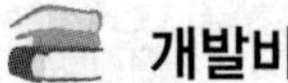 개발비

개발 단계에서 발생한 지출 중 무형자산의 계상요건에 해당하는 경우에는
이 계정과목으로 계상한다. 그러나, 실무에서는 비용항목인 경상연구개발비
와 무형자산인 개발비의 구분이 쉽지만은 않다.

분개사례

① 개발활동에 참여한 인원의 인건비를 지급하는 경우(자산성 있음)

신제품 개발의 인건비 9,967,000원(원천징수액 33,000원)을 보통예금에서 이체
시키다. 이 개발비는 자산계상요건에 해당된다.

[차변] 개발비	10,000,000	[대변] 보통예금	9,967,000
		예수금	33,000

더존프로 그램입력
- 재무회계 > 전표입력/장부 > 일반전표입력
- 대체차변 > 개발비 > 금액 > 현재적요
- 대체대변 > 보통예금, 예수금 > 거래처코드 > 금액 > 현재적요

 **세무회계 유의사항**

① 「개발비」는 특정 신제품 또는 신기술의 개발과 관련하여 발생한 비용 (소프트웨어 개발과 관련된 비용 포함)으로서 미래의 경제적 효익을 확실하게 기대할 수 있는 경우에 무형자산으로 계상한다.

② 개발활동에 참여한 인원의 용역계약 조건에 따라 근로소득 또는 사업소득, 기타소득으로 원천징수한다.

③ 개발단계에서 발생한 지출은 다음의 조건을 모두 충족하는 경우에만 무형자산으로 인식하고, 그 외의 경우에는 경상개발비의 과목으로 하여 발생한 기간의 비용으로 인식한다.

> ㉮ 무형자산을 사용 또는 판매하기 위해 그 자산을 완성시킬 수 있는 기술적 실현 가능성을 제시할 수 있다.
> ㉯ 무형자산을 완성해 그것을 사용하거나 판매하려는 기업의 의도가 있다.
> ㉰ 완성된 무형자산을 사용하거나 판매할 수 있는 기업의 능력을 제시할 수 있다.
> ㉱ 무형자산이 어떻게 미래 경제적 효익을 창출할 것인가를 보여줄 수 있다. 예를 들면, 무형자산의 산출물, 그 무형자산에 대한 시장의 존재 또는 무형자산이 내부적으로 사용될 것이라면 그 유용성을 제시하여야 한다.
> ㉲ 무형자산의 개발을 완료하고 그것을 판매 또는 사용하는 데 필요한 기술적, 금전적 자원을 충분히 확보하고 있다는 사실을 제시할 수 있다.
> ㉳ 개발단계에서 발생한 무형자산 관련 지출을 신뢰성 있게 구분하여 측정할 수 있다.

④ 개발비는 관련 제품 등의 판매·사용이 가능한 시점부터 20년 이내의 기간동안 상각하도록 세법에서 규정하고 있다.

 **관련법령**

법인세법 시행령 제26조

제 4 장 부 채

1. 부채의 개요

　유동부채와 고정부채의 구분은 상환기일이 대차대조표일로부터 1년을 경과하는지의 여부에 따라 판단한다. 즉, 유동부채는 대차대조표일로부터 1년 이내에 상환일이 도래하는 채무이며, 고정부채는 1년 이후에 상환일이 도래하는 채무이다.

유동부채	고정부채
외상매입금	장기차입금
지급어음	장기성매입채무
단기차입금	퇴직급여충당금
당좌차월	
미지급금	
선수금	
예수금	
미지급비용	
미지급법인세	
선수수익	
부가세예수금	
유동성장기부채	
가수금	

2. 유동부채

외상매입금

매출채권 < 유동부채 < 대차대조표

📖 외상매입금

상품 등을 외상으로 매입한 경우에 사용하는 계정으로서 주된 상거래에서 발생한 채무를 계상하는 계정과목이다.

📖 분개사례

① 상품을 외상으로 구입하는 경우

갑상품을 (주)흥부로부터 2,200,000원(부가세 포함)에 외상으로 구입하다.

[차변] 상품(또는 매입)	2,000,000	[대변] 외상매입금	2,200,000
부가세대급금	200,000		

> **더존프로 그램입력**
> - 재무회계 > 전표입력/장부 > 매입매출전표입력
> - 유형(매입:과세) > 품명(갑상품) > 공급가액 > 거래처 > 분개(외상)
> - 차변(상품)

② 외상대금을 현금으로 지급하는 경우

(주)흥부의 외상대금 중 500,000원을 현금으로 지급하다.

[차변] 외상매입금	500,000	[대변] 현금	500,000

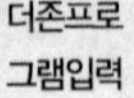

- 재무회계 > 전표입력/장부 > 일반전표입력
- 출금 > 외상매입금 > 거래처코드 > 금액 > 현재적요

③ 외상대금이 통장에서 이체되는 경우

흥부(주)의 외상대금 중 1,000,000원을 보통예금통장에서 이체시켜 주다.

[차변] 외상매입금	1,000,000	[대변] 보통예금	1,000,000

- 재무회계 > 전표입력/장부 > 일반전표입력
- 대체차변 > 외상매입금 > 거래처코드 > 금액 > 현재적요
- 대체대변 > 보통예금 > 거래처코드 > 금액 > 현재적요

④ 수입상품 인수시 대금결제는 미지급되는 경우

(주)템플과 수입계약(수입금액은 10,000$)을 체결하여 2005년 10월 10일(1$ =
1,100원)에 통관하여 상품을 인수하다. 수입통관 제비용(검사비, 관세, 선적비,
운송보험, 통관료)은 1,000,000원이다. 부가세의 과세표준은 12,000,000원이고,
부가세는 1,200,000원이다. 통관제비용 등으로 2,200,000원은 현금으로 지급하
다. 10월 10일의 분개는 다음과 같다.

[차변] 상품(또는 매입)	12,000,000	[대변] 외상매입금	11,000,000
부가세대급금	1,200,000	현금	2,200,000

- 재무회계 > 전표입력/장부 > 매입매출전표입력
- 유형(매입·수입) > 품명(을상품) > 공급가액 > 거래처 > 분개(혼합)
- 차변(상품) > 대변(현금, 외상매입금) > 적요변경 > 외상매입금(거래처 코드)

 ## 세무회계 유의사항

① 외상대금을 현금으로 지급하는 경우에는 입금표를 수취하여 보관하고 현금출납장의 출금란에 기록한다. 통장에서 자동이체시키는 경우에는 그 거래내용이 기록되므로 입금표를 꼭 수취하지 않아도 된다.

② 「매입채무」는 「외상매입금」과 「지급어음」을 통합해 놓은 계정이다. 공표용에는 「매입채무」로 계상하여야 하지만 분개시에는 「외상매입금」의 계정을 사용한다.

③ 수입 상품의 인수시에는 세관장으로부터 수입세금계산서를 수취하여야 한다.

보충자료	수입절차

수입절차는 원칙적으로 무역업등록을 한 자가 수입가능품목에 대해 대외무역법과 외환거래법의 수입승인과 대금결제허가 등을 받아 개설한 후 수입화물과 운송서류를 인수하고 수입대금을 결제한 후 관세법에 근거한 세관수입통관절차를 거쳐 수입품을 인수하는 일련의 절차를 의미한다.

지급어음

유동부채 < 대차대조표

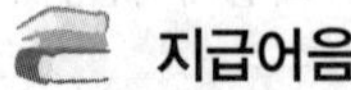 **지급어음**

매입대금이나 외상매입금의 지급을 위해 약속어음을 발행하였을 경우(또
는 외환어음의 수취)에 처리하는 계정과목이다.

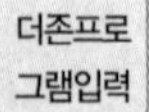 **분개사례**

① 기계를 구입하면서 약속어음을 발행하는 경우

기계를 구입하면서 대금은 약속어음으로 11,000,000원(부가세 포함)을 지급하
고, 설치비 110,000원(부가세 포함)은 현금으로 지급하다.

[차변] 기계장치	10,100,000	[대변] 지급어음	11,000,000
부가세대급금	1,010,000	현금	110,000

더존프로 그램입력	• 재무회계 > 전표입력/장부 > 매입매출전표입력
	• 유형(매입:과세) > 품명(기계장치) > 공급가액 > 거래처 > 분개(혼합)
	• 차변(기계장치) > 대변(지급어음, 현금) > 자금관리 > 어음입력

② 발행한 약속어음이 어음만기일에 당좌예금에서 출금되는 경우

놀부(주)의 당좌예금 계좌에서 (주)흥부에게 발행하여 지급한 약속어음
11,000,000원이 만기가 되어 빠져나가다.

> [차변] 지급어음   11,000,000   [대변] 당좌예금   11,000,000

더존프로 그램입력
- 재무회계 > 전표입력/장부 > 일반전표입력
- 대체차변 > 지급어음 > 거래처코드 > 금액 > 현재적요(9번)
- 대체대변 > 당좌예금 > 거래처코드 > 금액 > 현재적요

③ 외상대금을 지급하기 위해 약속어음을 발행하는 경우

약속어음 10,000,00원을 발행하여 (주)흥부의 외상대금으로 지급하다.

> [차변] 외상매입금   10,000,000   [대변] 지급어음   10,000,000

더존프로 그램입력
- 재무회계 > 전표입력/장부 > 일반전표입력
- 대체차변 > 외상매입금 > 거래처코드 > 금액 > 현재적요
- 대체대변 > 지급어음 > 거래처코드 > 금액 > 현재적요(9번) > 어음입력

세무회계 유의사항

① 지급어음기입장에 어음발행 내역(어음번호, 만기일 등)을 기록하고, 어음
만기일을 체크하여 관리하자.

② 고정자산을 매입하면서 어음을 발행한 경우 지급어음으로 회계처리하였
다가 결산시 「미지급금」계정으로 대체하여 대차대조표에 공시한다.

단기차입금

유동부채 < 대차대조표

 **단기차입금**

당좌차월과 대차대조표일로부터 1년 내에 상환될 차입금을 처리하는 계정과목이다.

 **분개사례**

① 정기예금을 담보로 제공하고 단기 차입하는 경우

정기예금을 담보로 제공하고 하나은행으로부터 30,000,000원을 단기로 차입하다.

[차변] 보통예금	30,000,000	[대변] 단기차입금	30,000,000

더존프로 그램입력	• 재무회계 > 전표입력/장부 > 일반전표입력 • 대체차변 > 단기차입금 > 거래처코드 > 금액 > 현재적요 • 대체대변 > 보통예금 > 거래처코드 > 금액 > 현재적요

② 임원으로부터 빌린 차입금을 상환하는 경우

놀부(주)는 김흥부 상무로부터 단기 차입한 10,000,000원을 갚기 위해 보통예금통장에서 이체시켜주다.

[차변] 단기차입금	10,000,000	[대변] 보통예금	10,000,000

더존프로
그램입력

- 재무회계 > 전표입력/장부 > 일반전표입력
- 대체차변 > 단기차입금 > 거래처코드 > 금액 > 현재적요
- 대체대변 > 보통예금 > 거래처코드 > 금액 > 현재적요

세무회계 유의사항

① 차입금 상환시 상환일정에 따라 적기에 상환하여 연체이자의 부담이 없도록 한다.

② 담보가 설정되어 사용이 제한되어 있는 예금이라도 만기가 1년 이내이면 단기금융상품으로 처리한다. 단, 적요란에 담보설정된 내용을 기록한다.

③ 차입에 대한 약정서 등을 확인하여 이자 지급일, 상환일 등을 챙겨서 연체이자를 지급하는 일이 없도록 한다.

④ 결산시 차입금에 대한 기간 경과분에 대한 미지급이자 또는 선급한 이자분에 대해 선급비용으로 계상하여야 한다.

⑤ 법인세법의 차입금에 대한 지급이자 손금불산입 : 법인세법의 손금불산입 규정에 의하여 다음 순서에 의하여 차입금의 이자는 손금에 산입하지 아니한다.
  - 채권자가 불분명한 사채의 이자
  - 비실명채권·증권의 이자
  - 기준초과 차입금을 보유하고 있는 법인의 이자
  - 건설자금이자
  - 타법인주식, 임야 등에 대한 지급이자
  - 업무무관 자산과 업무무관 가지급금에 대한 이자

⑥ 특수관계있는 법인이 사용할 자금을 금융기관으로부터 당해 법인이 차

입하고 장부상에 차입금 및 대여금으로 동시에 계상한 경우 동 대여금
은 업무와 관련없는 가지급금에 해당한다.

 **관련법령**

법인세법 제28조
법인 예규(법인 46012-2701, 1996.9.24)

당좌차월

유동부채 < 대차대조표

 **당좌차월**

기업이 결제해야 할 당좌수표(또는 어음)의 금액이 당좌예금의 잔액보다 클 경우 은행과 협의를 하여서 한도를 늘릴 수 있는데, 이것을 당좌차월이라고 한다.

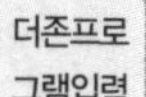 **분개사례**

① 잔액이 부족한 당좌예금에서 약속어음이 결제되는 경우

놀부(주)에서 발행한 약속어음 10,000,000원이 만기가 되어 당좌예금(당좌예금 잔고는 1,000,000원이고 당좌차월계약이 되어 있다)에서 빠져나가다.

| [차변] 지급어음 | 10,000,000 | [대변] 당좌예금 | 1,000,000 |
| | | 당좌차월 | 9,000,000 |

더존프로그램입력
- 재무회계 > 전표입력/장부 > 일반전표입력
- 대체차변 > 지급어음 > 거래처코드 > 금액 > 현재적요(9번, 어음입력)
- 대체대변 > 당좌예금, 당좌차월 > 거래처코드 > 금액 > 현재적요

 세무회계 유의사항

① 지급어음기입장을 작성하여 어음만기일을 체크하여 관리하자.

② 당좌예금 개설시 당좌차월계약을 해야 당좌예금잔고 부족시 대출금을 이용할 수 있다.

③ 결산시 당좌차월액은 「단기차입금」계정으로 대체시킨다.

미지급금

유동부채 < 대차대조표

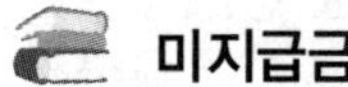 미지급금

주된 영업활동 외의 활동에서 발생한 채무를 계상하는 계정과목이다.

분개사례

① 기계 구입시 미지급한 금액이 보통예금에서 이체되는 경우

기계 구입시 미지급된 6,000,000원을 보통예금에서 이체시키다.

[차변] 미지급금	6,000,000	[대변] 보통예금	6,000,000

더존프로그램입력
- 재무회계 > 전표입력/장부 > 일반전표입력
- 대체차변 > 미지급금 > 거래처코드 > 금액 > 현재적요
- 대체대변 > 보통예금 > 거래처코드 > 금액 > 현재적요

② 미지급된 기계 구입대금과 외상대금을 서로 상계시키는 경우

(주)흥부로부터 구입한 기계 구입대금 3,000,000원이 미지급된 상태이고, (주)흥부의 외상매출금 3,000,000원이 있다. (주)흥부와 서로 상계하기로 합의하다.

[차변] 미지급금	3,000,000	[대변] 외상매출금	3,000,000

더존프로 그램입력	• 재무회계 > 전표입력/장부 > 일반전표입력 • 대체차변 > 미지급금 > 거래처코드 > 금액 > 현재적요 • 대체대변 > 외상매출금 > 거래처코드 > 금액 > 현재적요

③ 차량을 할부로 구입하는 경우

트럭을 17,600,000원(부가세 포함)에 16개월 할부로 구입하고 세금계산서를
교부받다.

[차변] 차량운반구	16,000,000	[대변] 미지급금	17,600,000
부가세대급금	1,600,000		

더존프로 그램입력	• 재무회계 > 전표입력/장부 > 매입매출전표입력 • 유형(매입:과세) > 품명(트럭) > 공급가액 > 거래처 > 분개(혼합) • 차변(차량운반구) > 대변(미지급금)

④ 차량 할부금이 통장에서 이체되는 경우

상기의 트럭 할부금 중 1회분을 보통예금통장에서 이체시켜 주다.

[차변] 미지급금	1,100,000	[대변] 보통예금	1,100,000

더존프로 그램입력	• 재무회계 > 전표입력/장부 > 일반전표입력 • 대체차변 > 미지급금 > 거래처코드 > 금액 > 현재적요 • 대체대변 > 보통예금 > 거래처코드 > 금액 > 현재적요

세무회계 유의사항

① 미지급금과 미지급비용을 구분하여 계상한다.

미지급금	미지급비용
지급의무가 확정된 채무로서 기중에 계속 기장이 이루어 짐	지급의무는 아직 도래하지 않았으나 시간의 경과에 따라 발생하는 채무를 발생주의에 의해 기간경과분을 당기의 채무로 계상하는 계정과목

② 채권·채무 상계에 대한 약정서 등을 작성하여 보관한다.

③ 미지급금의 거래처와 지급예정일 등을 작성하여 관리한다.

④ 일상적인 사무용품 등의 물품 구입이나 전기요금·가스요금의 미지급도 이 계정과목을 사용한다.

⑤ 사업연도종료일 현재 상여금을 지급하지 않아 미지급금으로 계상한 경우에는 회사규정상 상여금의 지급이 결정되었고 그 지급대상 및 지급금액이 결정되어 있는 경우에는 손금으로 인정한다.

 **관련법령**

법인 46012-1295, 1995.5.12

선수금

유동부채 < 대차대조표

선수금

상품 등의 판매시에 대금의 일부(또는 전액)를 미리 받을 경우에 이 계정 과목을 사용한다. 외상매입금은 입고가 완료된 상품에 대한 대금 지급의 채무인데 여기에서는 입금이 완료된 금전에 대한 상품 납입의 채무이다.

분개사례

① 수출계약금을 송금받은 경우

(주)템플과 총수출금액 10,000$로 다음과 같이 수출계약을 하다.

1. 2005년 11월 15일(1$ = 1,200원) : 선수금으로 5,000$를 받다.

2. 2005년 12월 15일(1$ = 1,300원) : 선적일

3. 2005년 12월 31일(1$ = 1,250원) : 결산일

4. 2006년 02월 10일(1$ = 1,100원) : 결제일

11월 15일의 분개는 다음과 같다.

[차변] 보통예금	6,000,000	[대변] 선수금	6,000,000

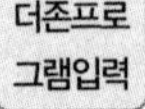

- 재무회계 > 전표입력/장부 > 일반전표입력
- 대체차변 > 보통예금 > 거래처코드 > 금액 > 현재적요
- 대체대변 > 선수금 > 거래처코드 > 금액 > 현재적요

② 계약금으로 약속어음을 받은 경우

다음 달에 인도해 줄 상품의 계약금으로 1,000,000원의 약속어음을 받다.

[차변] 받을어음	1,000,000	[대변] 선수금	1,000,000

더존프로 그램입력
- 재무회계 > 전표입력/장부 > 일반전표입력
- 대체차변 > 받을어음 > 거래처코드 > 금액 > 현재적요(9번) > 어음입력
- 대체대변 > 선수금 > 거래처코드 > 금액 > 현재적요

③ 상품 주문을 받으면서 대금 중 일부를 미리 지급받은 경우

(주)흥부로부터 을상품을 11,000,000원(부가세 포함)에 주문 받고 선수금으로 1,000,000원을 현금으로 받다.

[차변] 현금	1,000,000	[대변] 선수금	1,000,000

더존프로 그램입력
- 재무회계 > 전표입력/장부 > 일반전표입력
- 입금 > 선수금 > 거래처코드 > 금액 > 현재적요

④ 대금 중 일부를 미리 받은 주문상품을 발송하는 경우

(주)흥부로부터 주문 받은 을상품(11,000,000원(부가세 포함))을 발송하면서 잔금은 외상으로 하다. 계약금(1,000,000원)은 선수금으로 계상되어 있다.

[차변] 선수금	1,000,000	[대변] 상품매출	10,000,000
외상매출금	10,000,000	부가세예수금	1,000,000

더존프로 그램입력
- 재무회계 > 전표입력/장부 > 매입매출전표입력
- 유형(매출:과세) > 품명(을상품) > 공급가액 > 거래처 > 분개(혼합)
- 대변(상품매출) > 차변(선수금, 외상매출금)

 세무회계 유의사항

① 선수금과 선수수익의 차이

선수금	선수수익
일반적 상거래에서 발생한 영업수익의 선수액	발생주의 회계상 결산시에 나타나는 기간미경과 용역대가

② 수출의 경우에 수익인식시기는 선적일이므로 선적 전에 수취한 금액은 「선수금」계정으로 계상한다.

③ 선수금 수령시 계약서와 관련 증빙을 검토하여 이상 유무를 확인한다.

④ 계약금을 선수하는 경우 세금계산서를 발행해도 무방하다.

⑤ 부가가치세법시행령 제80조 제4항의 규정에 의한 사업자(영수증을 발행하여 교부하여야 하는 사업자 중 공급받는 자가 요구하는 경우 세금계산서 교부의무가 있는 사업자)가 재화 또는 용역의 공급계약을 체결하고 부가가치세법 제9조 제1항 및 제2항의 규정에 의한 거래시기가 도래하기 전에 당해 재화 또는 용역의 공급에 대한 대가를 신용카드로 지급받고 신용카드매출전표를 발행한 경우 당해 재화 또는 용역의 공급에 대하여는 동법시행령 제57조 제2항의 규정에 의하여 세금계산서를 교부할 수 없는 것이다.

또한 부가가치세법시행령 제80조 제4항의 규정에 의한 사업자가 동일한 거래처에 1역월 동안 2회 이상의 재화 또는 용역을 공급하고 동령 제54조 제1호의 규정에 의하여 세금계산서를 교부하는 경우에 있어 재화 또는 용역의 공급시 그 대가의 일부를 신용카드로 지급받고 신용카드매출전표를 발행한 분에 대하여는 동령 제57조 제2항의 규정에 의하여 세금계산서를 교부할 수 없는 것이다.

 **관련법령**

서면인터넷방문상담 3팀-438, 2004.3.8

예수금

유동부채 < 대차대조표

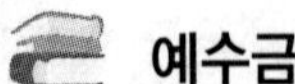 예수금

일반적 상거래 이외에서 발생한 일시적 제예수액을 말한다. 급여 지급시
에 공제하는 것으로 종업원으로부터 징수하는 갑근세(갑종근로소득세)나 국
민연금 · 건강보험 · 고용보험료 등이 회사 공통의 예수금이다. 거래처로부터
거래보증금 등을 맡아두는 경우도 있다.

분개사례

① 건물 신축시 입찰보증금을 현금으로 받은 경우

건물을 신축하면서 입찰보증금으로 10,000,000원을 현금으로 받다.

[차변] 현금	10,000,000	[대변] 예수금	10,000,000

더존프로 그램입력	• 재무회계 > 전표입력/장부 > 일반전표입력
	• 입금 > 예수금 > 금액 > 현재적요

② 급여 지급시 4대보험 등을 원천징수하는 경우

7월분 급여 지급내역은 다음과 같다.

(단위 : 원)

기본급 : 1,933,400	
제수당내역	공제내역
직책수당 : 200,000	갑 근 세 : 　103,110
자격수당 : 　50,000	주 민 세 : 　 10,310
교 통 비 : 100,000	국민연금 : 114,300
근속수당 : 200,000	건강보험 : 　46,820
연장수당 : 100,000	고용보험 : 　12,917

[차변] 급여	2,583,400	[대변] 보통예금	2,295,943
		예수금	297,457

더존프로그램입력
- 재무회계 > 전표입력/장부 > 일반전표입력
- 대체차변 > 급여 > 금액 > 현재적요
- 대체대변 > 보통예금, 예수금 > 거래처코드 > 금액 > 현재적요

③ 원천징수한 갑근세·주민세를 납부하는 경우

4월 급여분에 대한 갑근세·주민세 1,000,000원을 납부하다.

[차변] 예수금	1,000,000	[대변] 현금	1,000,000

더존프로그램입력
- 재무회계 > 전표입력/장부 > 일반전표입력
- 출금 > 예수금 > 거래처명 > 금액 > 현재적요

[전산입력시 유의사항]

전산전표 입력시 예수금은 국민연금, 건강보험, 고용보험, 갑근세·주민세로 구분하여 각각 입력하는 것이 예수금 관리상 편리하다.

 세무회계 유의사항

① 급여대장을 작성하여 보관하고 급여명세서는 임직원에게 교부한다.

② 원이하의 절사금액은 잡손실 또는 잡이익의 계정으로 대체한다.

③ 부가세에 대한 예수금액은 「부가세예수금」계정으로 계상한다.

④ 원천징수한 갑근세 등은 다음달 10일까지 「원천징수이행상황신고서」를
작성하여 신고·납부한다.

⑤ 급여 지급시 예수한 국민연금, 건강보험과 회사부담분을 합산한 금액이
공단에서 고지된 고지금액과 일치하는지 개개인마다 확인한다.

미지급비용

유동부채 < 대차대조표

 미지급비용

지급의무는 아직 도래하지 않았으나 시간의 경과에 따라 발생하는 채무를 발생주의에 의해 기간경과분을 당기의 채무로 계상하는 계정과목이다.

 분개사례

① 결산일에 미지급한 이자를 계상하는 경우

결산일에 미지급한 차입금이자 1,000,000원에 대해 비용을 계상하다.

[차변] 이자비용	1,000,000	[대변] 미지급비용	1,000,000

더존프로 그램입력	• 재무회계 > 전표입력/장부 > 일반전표입력
	• 대체차변 > 이자비용 > 금액 > 현재적요
	• 대체대변 > 미지급비용 > 금액 > 현재적요

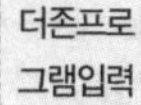 세무회계 유의사항

① 결산시 미지급비용을 계상하는 대상항목 중 누락된 사항이 없는지 확인한다.

② 법인세법에서 특례규정으로 기간경과에 따른 미지급이자의 비용계상분은 손금에 산입한다고 규정하고 있다.

미지급법인세

유동부채 < 대차대조표

 **미지급법인세**

결산시 당해 사업연도의 소득에 대한 법인세액을 추정하여 기중에 이미 납부한 원천징수세액, 중간예납세액을 차감한 잔액을 처리하는 계정과목이다.

 **분개사례**

① 결산시 법인세를 계상하는 경우

결산시에 2005년도분 법인세 5,000,000원(선납세금으로 계상된 중간예납세액분 1,000,000원이 있다)을 계상하다.

[차변] 법인세등	5,000,000	[대변] 미지급법인세		4,000,000
		선납세금		1,000,000

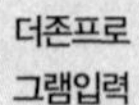

- 재무회계 > 전표입력/장부 > 일반전표입력
- 대체차변 > 법인세등 > 금액 > 현재적요
- 대체대변 > 미지급법인세, 선납세금 > 금액 > 현재적요

② 법인세를 납부하는 경우

결산시에 미지급 계상한 2005년도분 법인세 4,000,000원을 납부하다.

[차변] 미지급법인세	4,000,000	[대변] 현금	4,000,000

<table>
<tr><td>더존프로
그램입력</td><td>• 재무회계 > 전표입력/장부 > 일반전표입력
• 출금 > 미지급법인세(미지급세금) > 금액 > 현재적요</td></tr>
</table>

📖 세무회계 유의사항

① 「법인세등」은 이연법인세회계를 적용하지 않는 경우에 계상하는 계정과
목으로서 중소법인은 이연법인세회계를 적용하지 아니할 수 있다.

② 「법인세비용」은 이연법인세회계를 적용하는 경우에 계상하는 계정과목
이다.

③ 법인세 계산은 결산일이 지난 후에 계산하므로 당해연도의 법인세로 결
산서에 반영하고 납부일이 속하는 연도의 법인세로 계상하면 안 된다.

선수수익

유동부채 < 대차대조표

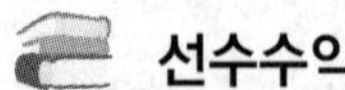 **선수수익**

이미 받은 수익 중 차기 이후에 속하는 금액을 말한다. 선수이자, 선수임
대료 등이 해당된다.

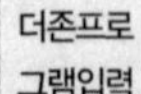 **분개사례**

① 자금 대여시 이자를 선수하는 경우

(주)흥부에게 5월 1일에 1,200,000원을 연이율 10%로 12개월 빌려주면서 이
자 120,000원을 뗀 나머지를 현금으로 주다.

[차변] 대여금	1,200,000	[대변] 현금	1,080,000
		이자수익	120,000

더존프로 그램입력	• 재무회계 > 전표입력/장부 > 일반전표입력
	• 대체차변 > 대여금 > 거래처코드 > 금액 > 현재적요
	• 대체대변 > 현금, 이자수익 > 금액 > 현재적요

② 결산일에 대여금이자의 수익계상분에 대해 결산분개를 하는 경우

흥부(주)에게 5월 1일에 1,200,000원을 연이율 10%로 12개월 빌려주고 선이
자 120,000원을 뗀 나머지를 현금으로 주었다. 선이자분은 5월 1일에 이자수

익으로 계상했다. 선이자분에 대해 결산일(12/31)에 결산분개하다.

| [차변] 이자수익 | 40,000 | [대변] 선수수익 | 40,000 |

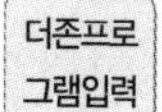

- 재무회계 > 전표입력/장부 > 일반전표입력
- 대체차변 > 이자수익 > 금액 > 현재적요
- 대체대변 > 선수수익 > 금액 > 현재적요

세무회계 유의사항

결산일에 미리 수취하여 수익 계상한 이자 중 기간 미경과분은 「선수수익」 계정으로 대체시킨다.

부가세예수금

유동부채 < 대차대조표

 **부가세예수금**

상품·제품 등의 매출 등과 관련하여 거래상대방으로부터 징수한 부가세
액을 말한다.

분개사례

① 부가가치세를 확정신고하고 납부하는 경우(일반과세자인 경우)

7월 25일에 부가세 확정신고·납부하다. 납부금액은 2,000,000원이고, 1기 확
정신고분의 부가세예수금은 4,000,000원이며, 부가세대급금은 2,000,000원이
다.

[차변] 부가세예수금	4,000,000	[대변] 부가세대급금	2,000,000
		현금	2,000,000

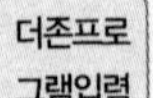

더존프로 그램입력	• 재무회계 > 전표입력/장부 > 일반전표입력 • 대체차변 > 부가세예수금 > 금액 > 현재적요 • 대체대변 > 부가세대급금, 현금 > 금액 > 현재적요

 ## 세무회계 유의사항

① 매입·매출장의 매출세액과 부가세예수금이, 매입세액과 부가세대급금
의 금액이 일치하는지 검토한다.

② 부가가치세의 신고서 사본과 납부영수증은 잘 보관한다.

③ 창립기념일 등에 종업원에게 기념품(원가 50,000원, 시가 100,000원)을
무상으로 공급하는 경우

회계처리	**차** 복리후생비 50,000　　**대** 상품(또는 제품) 50,000 **차** 세금과공과 10,000　　**대** 부가세예수금 10,000
법인세법	급여로 보아 연말정산시 합산하여 근로소득세 계산
부가가치세법	회사 상품·제품을 종업원에게 무상으로 제공한 경우에는 개인 적공급에 해당되어 부가세예수금을 계상하여야 하나, 세금계산 서는 발행하지 않는다.

유동성장기부채

유동부채 < 대차대조표

 **유동성장기부채**

대차대조표일로부터 1년 이내에 만기가 도래하는 「장기차입금」은 「유동
성장기부채」계정으로 대체한다.

 **분개사례**

① 결산일에 장기차입금이 1년 이내에 상환이 도래하는 경우

(주)흥부의 장기차입금(2년만기, 금액은 10,000,000원, 상환일은 2006년 3월말)
의 상환일이 1년이내이므로 결산일에 계정대체하다.

[차변] 장기차입금	10,000,000	[대변] 유동성장기부채	10,000,000

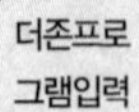
더존프로
그램입력

- 재무회계 > 전표입력/장부 > 일반전표입력
- 대체차변 > 장기차입금 > 거래처코드 > 금액 > 현재적요
- 대체대변 > 유동성장기부채 > 거래처코드 > 금액 > 현재적요

 **세무회계 유의사항**

유동비율에 영향을 주므로 결산시 장기차입금의 유동성장기부채로 대체
시키는 것을 잊지 말자.

가수금

유동부채 < 대차대조표

가수금

현금 등이 입금되었으나 그 원인을 모르거나 금액이 미확정인 경우에 일
시적으로 처리하는 가계정이다.

분개사례

① 사장으로부터 차입하는 경우

사장으로부터 10,000,000원을 빌려 보통예금에 입금하다.

[차변] 보통예금	10,000,000	[대변] 가수금	10,000,000

더존프로
그램입력

- 재무회계 > 전표입력/장부 > 일반전표입력
- 대체차변 > 보통예금 > 거래처코드 > 금액 > 현재적요
- 대체대변 > 가수금 > 거래처명 > 금액 > 현재적요

② 사장으로부터 빌린 돈을 상환하는 경우

놀부(주)는 사장으로부터 빌린 10,000,000원을 보통예금에서 이체시켜 상환하
다.

[차변] 가수금	10,000,000	[대변] 보통예금	10,000,000

- 재무회계 > 전표입력/장부 > 일반전표입력
- 대체차변 > 가수금 > 거래처명 > 금액 > 현재적요
- 대체대변 > 보통예금 > 거래처코드 > 금액 > 현재적요

③ 보통예금통장에 입금된 돈이 원인불명인 경우

보통예금통장을 정리하다가 100,000원의 원인불명의 입금액을 알게 되다.

| [차변] 보통예금 | 100,000 | [대변] 가수금 | 100,000 |

더존프로그램입력
- 재무회계 > 전표입력/장부 > 일반전표입력
- 대체차변 > 보통예금 > 거래처코드 > 금액 > 현재적요
- 대체대변 > 가수금 > 금액 > 현재적요

④ 원인불명의 통장 입금액이 외상대금 회수분으로 알게 되는 경우

원인불명의 통장 입금액 100,000원이 (주)흥부로부터의 외상매출금 회수분이라는 사실을 알게 되다.

| [차변] 가수금 | 100,000 | [대변] 외상매출금 | 100,000 |

더존프로그램입력
- 재무회계 > 전표입력/장부 > 일반전표입력
- 대체차변 > 가수금 > 금액 > 현재적요
- 대체대변 > 외상매출금 > 거래처코드 > 금액 > 현재적요

⑤ 원인불명의 입금액의 원인을 밝히지 못한 경우

가수금으로 처리한 원인불명의 통장 입금액 100,000원에 대한 결산일까지 원인을 밝히지 못하다.

| [차변] 가수금 | 100,000 | [대변] 잡이익 | 100,000 |

더존프로그램입력
- 재무회계 > 전표입력/장부 > 일반전표입력
- 대체차변 > 가수금 > 금액 > 현재적요
- 대체대변 > 잡이익 > 금액 > 현재적요

 ## 세무회계 유의사항

① 가수금은 임시계정이므로 결산일까지 차입금이 미지급된 경우 「주주·임원·종업원단기차입금」계정으로 대체시킨다.

② 임원과의 차입금약정서 등을 작성하여 보관한다.

③ 임원 등에게 이자를 지급하는 경우에는 비영업대금이익으로 보아 소득세 27.5%(주민세 10% 포함)를 원천징수하여야 한다.

④ 가지급금과 가수금의 상계 : 가지급금 인정이자 계산시 동일인의 가지급금과 가수금은 서로 상계하여 계산한다.

⑤ 법인이 매출을 장부에 계상하지 아니하고 거래처로부터 수령한 동 매출누락 금액을 대표이사 가수금으로 처리하여 회사통장에 입금한 경우 그 매출누락 금액은 사외에 유출된 것으로서 법인세법시행령 제106조 제1항의 규정에 의하여 대표자에 대한 상여로 처분한다.

 ## 관련법령

서이 46012-11337, 2003.7.15

3. 고정부채

<h1 align="center">장기차입금</h1>

유동부채 < 대차대조표

 **장기차입금**

금융기관 등으로부터 차입한 것 중 대차대조표일(결산일)로부터 1년 이후에 상환하게 되어 있는 차입금을 말한다.

 **분개사례**

① 건물에 근저당설정을 해 주면서 장기로 차입하는 경우

공장건물에 근저당을 설정해 주고 만기 3년으로 200,000,000원을 차입하여 보통예금에 입금하다. 근저당설정비 등 500,000원을 현금 지급하다.

[차변] 보통예금	200,000,000	[대변] 장기차입금	200,000,000
지급수수료	500,000	현금	500,000

더존프로 그램입력
- 재무회계 > 전표입력/장부 > 일반전표입력
- 대체차변 > 보통예금, 지급수수료 > 거래처코드 > 금액 > 현재적요
- 대체대변 > 장기차입금, 현금 > 거래처코드 > 금액 > 현재적요

② 장기로 빌린 차입금의 일부를 상환하면서 이자도 지급하는 경우

장기차입금 100,000,000원 중 50,000,000원을 보통예금으로 이체하여 상환하

다. 3개월 지급이자 2,000,000원도 함께 지급하다.

| [차변] 장기차입금 | 50,000,000 | [대변] 보통예금 | 52,000,000 |
| 이자비용 | 2,000,000 | | |

더존프로 그램입력
- 재무회계 > 전표입력/장부 > 일반전표입력
- 대체차변 > 장기차입금, 이자비용 > 거래처코드 > 금액 > 현재적요
- 대체대변 > 보통예금 > 거래처코드 > 금액 > 현재적요

세무회계 유의사항

① 근저당설정비 등의 지급시 영수증을 수취한다.

② 결산일에 장기차입금 중 그 상환기일이 1년 이내에 도래하는 것은 유동
성장기부채로 대체시켜 이를 유동부채로 보고해야 한다.

③ 법인세법에서 차입금의 지급이자에 대한 손금인정 여부를 확인한다. 단
기차입금에서 참조하기 바란다.

장기성매입채무

유동부채 < 대차대조표

 장기성매입채무

이는 대차대조표일(결산일)로부터 1년 이상이 경과한 후에 지급기일이 도래하는 장기외상매입금과 장기성지급어음을 말한다. 실무에서 발생하는 빈도는 낮다.

 분개사례

① 상품구매 대금으로 장기의 약속어음을 발행하는 경우

갑상품을 구입하면서 대금은 만기가 18개월 후인 약속어음(액면금액 11,000,000원)을 발행하다. 세금계산서를 교부받다.

[차변] 상품	10,000,000	[대변] 장기성지급어음	11,000,000
부가세대급금	1,000,000		

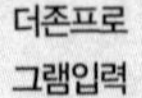

더존프로 그램입력	• 재무회계 > 전표입력/장부 > 매입매출전표입력 • 유형(매입:과세) > 품명(갑상품) > 공급가액 > 분개(혼합) • 차변(상품) > 대변(장기성지급어음)

[전산입력시 유의사항]

  전산전표 입력시 「지급어음」계정이 아닌 「장기성지급어음」계정으로 입력
하고, 결산일에 1년 이내에 만기가 도래하면 「지급어음」계정으로 대체시킨다.

 ## 세무회계 유의사항

지급어음기입장에 어음발행 내용을 기록한다.

퇴직급여충당금

유동부채 < 대차대조표

 **퇴직급여충당금**

결산분개시 충당금으로 적립하였다가 기중에 퇴직시에 사용되는 계정이다.

당기말 현재 전 임직원이 일시에 퇴직할 경우에 지급해야 할 퇴직금상당액을 '퇴직금추계액'이라 한다. 이 퇴직금추계액을 추정하여 퇴직급여충당금을 계상한다. 퇴직급여충당금은 장기부채성충당금의 대표적인 계정과목이다.

부채성충당금은 수익과 비용의 대응이라는 관점에서 볼 때 당기수익에서 차감하는 것과 장래에 지출될 것이 확실시 되는 것을 추정하여 부채로 계상한 것을 말한다. 따라서, 특정한 채권자가 확정되어 있지 않다는 점에서 확정부채와 다르다. 부채성충당금에는 수선충당금, 퇴직급여충당금, 공사보증충당금, 판매보증충당금 등이 있다. 단기부채성충당금은 1년 내에 사용되는 충당금을 말한다.

분개사례

① 결산일에 퇴직금에 대해 충당금을 설정하는 경우

결산시에 퇴직급여충당금 5,000,000원을 설정하다.

[차변] 퇴직급여충당금전입액	5,000,000	[대변] 퇴직급여충당금	5,000,000

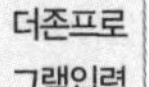

- 재무회계 > 전표입력/장부 > 일반전표입력
- 대체차변 > 퇴직급여충당금전입액 > 금액 > 현재적요
- 대체대변 > 퇴직급여충당금 > 금액 > 현재적요

② 퇴직금을 지급하는 경우

갑부장이 퇴직하여 퇴직금 10,000,000원에서 퇴직소득 원천세 100,000원을 차감한 잔액을 지급하다. 퇴직급여충당금 5,000,000원이 설정되어 있다.

| [차변] 퇴직급여충당금 | 5,000,000 | [대변] 보통예금 | 9,900,000 |
| 퇴직급여 | 5,000,000 | 예수금 | 100,000 |

- 재무회계 > 전표입력/장부 > 일반전표입력
- 대체차변 > 퇴직급여충당금, 퇴직급여 > 금액 > 현재적요
- 대체대변 > 보통예금, 예수금 > 거래처코드 > 금액 > 현재적요

[전산입력시 유의사항]

전산전표 입력시 제조원가에 해당되는 인건비의 경우에는 판매비와관리비가 아닌 제조원가 코드로 입력한다.

세무회계 유의사항

① 퇴직 발생시 퇴직급여충당금이 설정되어 있는 경우에는 퇴직급여충당금에서 먼저 상계한다. 이 때 개인별 퇴직급여충당금 계상 여부와 관계없이 상계한다.

② 1년 미만 근속자가 퇴직하는 경우의 퇴직금은 당해연도의 손비로 직접 계상하거나 퇴직급여충당금과 상계할 수 있다.

③ 세무상 결산조정사항이므로 장부에 퇴직급여충당금으로 계상하여야 세

무상 한도액까지 비용으로 인정받을 수 있다.

④ 원천징수한 퇴직소득세는 퇴직금 지급일의 다음달 10일까지 신고·납부
한다.

⑤ 세무상 한도초과액은 비용으로 인정해 주지 않는다.

퇴직급여충당금의 설정 한도액은 다음 중 적은 금액이다.

① 1년 이상 근속한 임직원의 총급여액×1/10
② 퇴직금추계액×40%−퇴직급여충당금의 잔액

 **관련법령**

법인세법 제33조
법인세법 시행령 제60조

제 5 장　자　본

1. 자본의 개요

자본은 주식회사의 순수 주주지분으로서 자본금, 자본잉여금, 이익잉여금, 자본조정으로 구분된다.

(1) 자본금

자본금은 발행된 주식의 액면가액에 발행주식수를 곱한 금액이다. 발행하는 주식의 종류에 따라 보통주자본금과 우선주자본금으로 구분하기도 한다.

그리고, 현재 우리나라의 상법에서는 무액면주식은 없다. 발행하는 1주당 주식가액은 100원 이상이면 가능하다.

(2) 자본잉여금 [주식발행초과금, 감자차익, 자기주식처분이익]

자본잉여금은 주주와의 자본거래에서 발생한 잉여금으로서 그 사용과 처분에 엄격한 제한이 따른다. 즉, 원칙적으로 주식발행을 통한 자본금으로의 전입과 이월결손금의 전보를 위해서만 사용할 수 있다.

(3) 이익잉여금 [이익준비금, 기타법정적립금, 임의적립금, 차기이월이익잉여금]

이익잉여금은 기업의 영업활동과 재무활동 등의 이익창출활동에 의해 축적된 이익 중에서 배당 등의 사외유출항목과 자본전입된 부분을 제외한 금액을 의미하는 것으로 기처분이익잉여금과 미처분이익잉여금으로 분류된다.

(4) 자본조정 [주식할인발행차금, 배당건설이자, 자기주식, 미교부주식배당
금, 투자유가증권평가손익, 해외사업환산대(차)]

자본거래 중 일시적으로 처리하기 위한 계정으로 주식할인발행차금, 배당
건설이자, 자기주식, 미교부주식배당금, 투자유가증권평가손익, 해외사업환
산대(차)가 있다.

자본금	보통주 자본금 우선주 자본금
자본잉여금	주식발행초과금 감자차익 자기주식처분이익
이익잉여금	이익준비금 기타법정적립금 임의적립금 차기이월이익잉여금
자본조정	주식할인발행차금 배당건설이자 자기주식 미교부주식배당금 투자유가증권평가손익 해외사업환산대(차)

2. 자본금

자본금

자본 < 대차대조표

자본금

상법상의 주주출자가액으로서 주식의 액면가액을 의미한다. 즉, 자본금은 주주가 불입한 자본으로서 우리나라 상법상 액면주식만 발행되므로 발행주식수에 주당 액면가액을 곱한 금액이다.

분개사례

① 주식회사를 설립하면서 주식을 발행하는 경우

놀부(주)는 발기설립하고 자본금 50,000,000원을 보통예금으로 받다.

[차변] 보통예금	50,000,000	[대변] 자본금	50,000,000

더존프로그램입력
- 재무회계 > 전표입력/장부 > 일반전표입력
- 대체차변 > 보통예금 > 거래처코드 > 금액 > 현재적요
- 대체대변 > 자본금 > 금액 > 현재적요

② 유상증자시 주식을 발행하는 경우

자본금 100,000,000원을 유상 증자하다. 자본금액은 보통예금에 입금되다.

[차변] 보통예금　　　　100,000,000　[대변] 자본금　　　　100,000,000

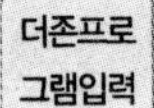

- 재무회계 > 전표입력/장부 > 일반전표입력
- 대체차변 > 보통예금 > 거래처코드 > 금액 > 현재적요
- 대체대변 > 자본금 > 금액 > 현재적요

📚 세무회계 유의사항

① 주식회사의 최저자본금은 5천만원(소기업및소상공인지원을위한특별조치법에 해당되는 법인은 5천만원 이하 가능)으로서 1주당 액면가액은 100원 이상이어야 한다.

② 설립시의 주식발행비용은 「창업비」의 계정으로 비용처리하고, 증자시의 주식발행비용은 주식의 납입대금에서 차감하는 것으로 처리하여야 한다.

③ 유상증자시에는 한 종류의 주식만 발행(예를 들면 보통주만 발행)하여 일률적으로 평등하게 배정할 수 있다.

④ 무상증자란 자본잉여금과 이익잉여금 중 법정적립금을 자본에 전입하고 신주를 발행하는 것을 말한다. 따라서, 순자산의 계정과목만 바뀌고 주식수만 늘어나는 결과가 된다.

TIP	보통주와 우선주

1. 보통주 : 우선주·후배주(後配株)·혼합주 등과 같은 특별주식에 대립되는 일반적인 주식을 말한다
2. 우선주 : 이익배당이나 잔여재산분배 등 재산적 내용에 있어서 보통주보다 우선적 지위가 인정되는 주식을 말한다.
   ① 이익배당우선주 : 보통주에 비하여 먼저 일정율의 배당을 받는 주식
   ② 전환우선주 : 주주의 신청에 따라 보통주로 전환할 수 있는 권리가 부여된 주식
   ③ 상환우선주 : 이익으로서 소각할 수 있는 주식

3. 자본잉여금

주식발행초과금

자본잉여금 < 자본 < 대차대조표

주식발행초과금

주식발행초과금은 주식을 발행할 때 주식의 발행가액이 액면가액을 초과하는 경우 그 초과하는 금액을 말한다.

분개사례

① 주식이 주당 액면가액보다 높은 가액으로 발행되는 경우

액면가 10,000원인 주식을 15,000원에 1,000주를 발행하다. 신주발행비 1,000,000원이 발생하다.

[차변] 보통예금	14,000,000	[대변] 자본금	10,000,000
		주식발행초과금	4,000,000

더존프로 그램입력	• 재무회계 > 전표입력/장부 > 일반전표입력 • 대체차변 > 보통예금 > 거래처코드 > 금액 > 현재적요 • 대체대변 > 자본금, 주식발행초과금 > 금액 > 현재적요

 **세무회계 유의사항**

회사설립 후 신주를 발행하는 경우에 소요되는 주식발행비용은 「주식발행초과금」에서 차감 또는 「주식할인발행차금」으로 계상한다.

감자차익

잉여자본금 < 자본 < 대차대조표

 감자차익

유상감자의 경우 발행된 주식을 유상으로 취득하여 소각할 때 소각된 주식의 액면가액보다 주주환급액이 더 적을 때 계상한다. 그리고, 무상감자의 경우는 결손금이 누적되어 있어 이를 보전하기 위해 실시하는데, 현금의 유출이 없고 감자 전후의 자본총계도 동일하며 감자차익은 이월결손금을 상계한 후의 금액으로 계상된다.

 분개사례

① 유상으로 감자하는 경우

자본금 감소를 위해 1,000,000주(액면가 5,000원)를 3,000원에 매입하여 소각하다.

[차변] 자본금	5,000,000	[대변] 현금	3,000,000
		감자차익	2,000,000

더존프로 그램입력	• 재무회계 > 전표입력/장부 > 일반전표입력
	• 대체차변 > 자본금 > 금액 > 현재적요
	• 대체대변 > 현금, 감자차익 > 금액 > 현재적요

② 감자차익을 결손 보전하는 경우

주주총회에서 이월결손금 1,000,000원을 감자차익 1,000,000원으로 보전하기로 결의하다.

[차변] 감자차익   1,000,000   [대변] 이월결손금   1,000,000

더존프로 그램입력
- 재무회계 > 전표입력/장부 > 일반전표입력
- 대체차변 > 감자차익 > 금액 > 현재적요
- 대체대변 > 이월결손금 > 금액 > 현재적요

자기주식처분이익

잉여자본금 < 자본 < 대차대조표

 자기주식처분이익

자기주식을 처분할 때 그 취득가액을 초과하여 처분하였을 경우의 그 초과금액을 처리하는 계정이다. 여기서 주의할 점은 자기주식처분손실은 '자본조정'으로 처리한다.

 분개사례

① 자사주식을 취득한 가액보다 높은 가액으로 처분하는 경우

주당 10,000원에 취득한 자기주식 1,000주를 주당 12,000원에 처분하다.

[차변] 현금	12,000,000	[대변] 자기주식	10,000,000
		자기주식처분이익	2,000,000

더존프로 그램입력	• 재무회계 > 전표입력/장부 > 일반전표입력 • 입금 > 자기주식, 자기주식처분이익 > 금액 > 현재적요

세무회계 유의사항

① 자기주식처분손실(자본조정) 잔액이 있는 경우에는 이를 먼저 차감하고
그 잔액을 「자기주식처분이익」으로 계상한다.

② 자기주식처분이익은 법인세법상 익금항목이다. 따라서, 기업회계상 자본으로 계상한 경우 익금산입으로 세무조정하여야 한다.

4. 이익잉여금

이익준비금

이익잉여금 < 자본 < 대차대조표

 **이익준비금**

이익준비금이란 상법의 규정에 의하여 주식회사가 강제적으로 기업내부에 유보하여야 하는 법정준비금을 말한다. 주식회사는 자본금의 1/2에 달할 때까지 매결산기의 금전에 의한 이익배당액의 1/10 이상의 금액을 이익준비금으로 적립하여야 한다.

 **분개사례**

① 주총에서 이익준비금을 적립하기로 결의하는 경우

배당가능이익 5,000,000원 중에서 이익준비금 200,000원을 적립하기로 결정하다.

[차변] 처분전이익잉여금	200,000	[대변] 이익준비금	200,000

더존프로 그램입력	• 재무회계 > 전표입력/장부 > 일반전표입력
	• 대체차변 > 처분전이익잉여금 > 금액 > 현재적요
	• 대체대변 > 이익준비금 > 금액 > 현재적요

② 이익준비금 등으로 결손을 보전하는 경우

임의적립금 2,000,000원, 이익준비금 3,000,000원이 있는데, 결손금이 5,000,000원이 있어 이를 결손금에 보전하다.

[차변] 임의적립금	2,000,000	[대변] 결손금		5,000,000
이익준비금	3,000,000			

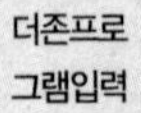

- 재무회계 > 전표입력/장부 > 일반전표입력
- 대체차변 > 임의적립금, 이익준비금 > 금액 > 현재적요
- 대체대변 > 이월결손금 > 금액 > 현재적요

세무회계 유의사항

① 이익준비금을 적립하기로 결의하면 이익잉여금처분계산서상의 이익잉여금의 처분항목으로 계상한다.

② 이익준비금은 결손을 보전하거나 자본금의 전입목적 이외에는 사용할 수 없다.

기타법정적립금

이익잉여금 < 자본 < 대차대조표

 ## 기타법정적립금

기타법정적립금은 상법이 아닌 다른 법에 의하여 적립하여야 하는 적립금
으로서 조세특례제한법에 의한 기업합리화적립금, 상장법인재무관리규정에
의한 재무구조개선적립금이 있다.

기업합리화적립금이란 법인세법에 의하여 소득공제, 세액공제 및 세액감
면 등으로 인하여 감면된 법인세를 배당 등으로 사외에 유출시키지 않고 회
사에 강제적으로 유보하기 위해 적립하는 것이다. 이는 이월결손금의 보전
과 자본전입 외의 용도로는 사용하지 못한다.

 ## 분개사례

① 기업합리화적립금을 적립하는 경우

중소기업투자세액공제액에 대한 기업합리화적립금 5,000,000원을 적립하기로
하다.

[차변] 이월이익잉여금	5,000,000	[대변] 기업합리화적립금	5,000,000

더존프로 그램입력	• 재무회계 > 전표입력/장부 > 일반전표입력
	• 대체차변 > 이월이익잉여금 > 금액 > 현재적요
	• 대체대변 > 기업합리화적립금 > 금액 > 현재적요

② 기업합리화적립금을 결손에 보전하는 경우

기업합리화적립금 중 5,000,000원을 결손금으로 보전하기로 하다.

[차변] 기업합리화적립금	5,000,000	[대변] 이월결손금	5,000,000

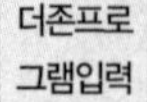

- 재무회계 > 전표입력/장부 > 일반전표입력
- 대체차변 > 기업합리화적립금 > 금액 > 현재적요
- 대체대변 > 이월결손금 > 금액 > 현재적요

세무회계 유의사항

① 이익을 처분할 때 이익준비금의 적립 여부를 확인하고 기타법정적립금 등을 적립하여야 한다.

② 조세특례제한법(2002.12.11 법률 제6762호로 개정된 것) 제145조 및 제 146조의 규정을 적용함에 있어서 종전의 조세특례제한법 제145조의 규 정에 의한 기업합리화적립금이 있는 내국법인의 경우 2002.12.11. 이후 부터는 동 기업합리화적립금을 이월결손금의 보전이나 자본에의 전입에 사용하지 아니하고 처분하는 경우에도 처분한 당해 기업합리화적립금 상당액을 추징하지 아니한다.

관련법령

서이 46012-10646, 2003.3.28

임의적립금

이익잉여금 < 자본 < 대차대조표

 **임의적립금**

법의 규정에 따라 강제적으로 적립되는 것이 아니라 회사 정관의 규정에 의해 적립하거나 주주총회의 결의에 의하여 특정 목적을 위하여 적립한 금액이다. 사업확장적립금, 감채적립금 등이 있다.

 **분개사례**

① 임의적립금을 적립하는 경우

사업확장적립금 5,000,000원을 적립하기로 하다.

[차변] 이월이익잉여금	5,000,000	[대변] 임의적립금	5,000,000

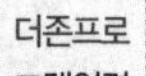

더존프로그램입력
- 재무회계 > 전표입력/장부 > 일반전표입력
- 대체차변 > 이월이익잉여금 > 금액 > 현재적요
- 대체대변 > 임의적립금 > 금액 > 현재적요

5. 자본조정

주식할인발행차금

자본조정 < 자본 < 대차대조표

 **주식할인발행차금**

신주를 액면가액 이하로 할인발행한 경우 그 액면미달금액을 말하는데, 신주발행시의 발행비용 역시 주식발행초과금이나 주식할인발행차금으로 계상한다.

 **분개사례**

① 주식이 주당 액면가액보다 낮은 가액으로 발행되는 경우

액면가 10,000원인 주식을 9,000원(1,000주)에 발행하다. 신주발행비 1,000,000원이 발생하다.

[차변] 보통예금	8,000,000	[대변] 자본금	10,000,000
주식할인발행차금	2,000,000		

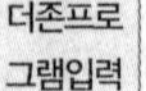
더존프로그램입력
- 재무회계 > 전표입력/장부 > 일반전표입력
- 대체차변 > 보통예금, 주식할인발행차금 > 거래처코드 > 금액 > 현재적요
- 대체대변 > 자본금 > 금액 > 현재적요

 **세무회계 유의사항**

① 회사설립 후 신주를 발행하는 경우에 소요되는 주식발행비용은 「주식발행초과금」에서 차감 또는 「주식할인발행차금」으로 계상한다.

② 주식을 액면발행하는 경우의 주식발행비는 주식할인발행차금의 계정으로 계상하였다가 주식발행연도부터 또는 증자연도부터 3년 이내의 기간에 매기 균등액을 상각하고 동 상각액은 이익잉여금처분으로 한다. 단, 처분할 이익잉여금이 부족하거나 결손이 있는 경우에는 차기이후 연도에 이월하여 상각할 수 있다.

자기주식

자본조정 < 자본 < 대차대조표

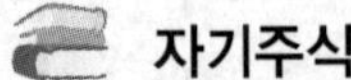 자기주식

자기주식은 자기회사가 이미 발행한 주식을 주주로부터 매입 또는 증여에 의하여 재취득한 주식이다.

분개사례

① 자사주식을 취득하는 경우

자기주식 1,000주를 주당 10,000원에 현금으로 취득하다.

[차변] 자기주식	10,000,000	[대변] 현금	10,000,000

더존프로
그램입력
- 재무회계 > 전표입력/장부 > 일반전표입력
- 출금 > 자기주식 > 금액 > 현재적요

세무회계 유의사항

자기주식을 무상수증한 경우 공정가액을 취득원가로 계상하고 동 금액을 「자산수증이익」으로 계상한다.

배당건설이자

자본조정 < 자본 < 대차대조표

 **배당건설이자**

배당건설이자란 상법의 규정에 따라 회사설립 후 2년 이상 영업 전부를 개시하기가 불가능하다고 인정되는 때에는 정관에 의하여 그 개업 전 일정한 기간 내에 연 5분의 이율 한도 내에서 법원의 인가를 얻어 일정한 이자를 주주에게 배당할 수 있도록 하는 것을 말한다.

 **분개사례**

① **주주총회에서 배당건설이자를 지급하기로 결의하는 경우**

주주총회에서 자본금 50,000,000원에 대한 3%의 배당건설이자를 지급하기로 결의하다.

[차변] 배당건설이자	1,500,000	[대변] 미지급배당금	1,500,000

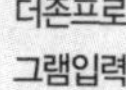

더존프로 그램입력	• 재무회계 > 전표입력/장부 > 일반전표입력 • 대체차변 > 배당건설이자 > 금액 > 현재적요 • 대체대변 > 미지급배당금 > 금액 > 현재적요

 **세무회계 유의사항**

배당건설이자를 지급한 후 개업하여 연 6분 이상으로 이익을 배당하는 경우에 그 6분을 초과하는 금액의 이상을 상각하도록 하고 이 때 배당건설이자의 상각액은 이익잉여금처분계산서상의 이익잉여금의 처분항목으로 표시한다.

제3편 손익계산서 계정과목

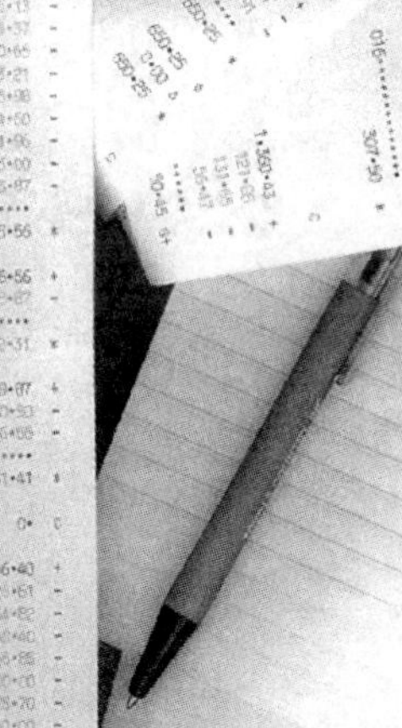

제 1 장 손익계산서

1. 손익계산서의 의의

손익계산서란 어느 일정기간에 속하는 수익과 비용 및 그 차액을 표시하여 기업의 경영성과를 보고하는 재무보고서이다.

2. 수익의 인식기준

기업회계기준서 제4호 "수익인식"을 보면 거래 형태별로 적용한다.

(1) 재화의 판매

① 재화의 소유에 따른 위험과 효익의 대부분이 구매자에게 이전되고,

② 판매자는 판매한 재화에 대하여 소유권이 있을 때 통상적으로 행사하는 정도의 관리나 효과적인 통제를 할 수 없고,

③ 수익금액을 신뢰성있게 측정할 수 있으며,

④ 경제적효익의 유입가능성이 매우 높으며,

⑤ 거래와 관련하여 발생하였거나 발생할 거래원가와 관련비용을 신뢰성있게 측정할' 수 있을 때 수익으로 인식한다.

통상적으로 재화의 소유에 따른 위험과 효익은 재화의 인도시점에 판매자로부터 구매자에게로 이전된다. 그러나 구매자에게 자산을 판매하는 것이 반드시 판매자의 소유에 따른 위험의 전부 또는 대부분을 인식하는 것은 아

니다. 소유에 따른 위험과 효익 대부분이 이전되지 않으면 인도시점에 수익을 인식해서는 안 된다. 이 경우에는 소유에 따른 위험과 효익이 구매자에게 충분히 이전되어 수익을 인식할 수 있는 사건이 발생할 때까지 받은 현금을 선수금으로 기록한다. 그리고 수익을 인식할 때까지 관련된 자산을 취득원가 또는 장부가액으로 평가한다.

재화판매의 유형		수익인식방법
설치 및 검사 조건부 판매		설치와 검사가 완료된 때 다만, 다음의 경우는 구매자가 재화를 인수한 때 ① 설치과정이 성격상 단순한 경우(예 TV수상기) ② 이미 결정된 계약가액을 최종적으로 확인하기 위한 목적만으로 검사가 수행되는 경우(예 무연탄, 곡물)
반품조건부판매 (반품가능성 불확실함)		구매자가 인수를 수락한 시점 또는 재화가 인도된 후 반품기간이 종료된 시점
상품권		상품권을 회수한 시점(상품권 판매한 때에는 선수금)
위탁판매		수탁자가 제3자에게 판매한 시점
정기간행물	구독품목 가액이 비슷	구독기간에 걸쳐 정액법
	구독품목 가액이 다름	발송품목가액이 구독신청을 받은 예상총판매가액에서 차지하는 비율에 따라 수익 인식
할부판매		재화의 인도시점(단, 현재가치와 명목가액의 차이가 중요한 경우에는 현재가치평가)
부동산 판매		다음 중 빠른 날 ① 법적 소유권 이전시점 ② 위험과 효익이 이전되고 판매자의 중요한 추가의무 완료된 시점

(2) 용역의 제공

① 거래 전체의 수익금액을 신뢰성있게 측정할 수 있으며,

② 경제적효익의 유입 가능성이 매우 높으며,

③ 진행률을 신뢰성있게 측정할 수 있으며,

④ 이미 발생한 원가와 거래를 완료하기 위해 추가로 발생할 원가를 신뢰성있게 측정할 수 있을 때 진행기준에 따라 인식한다.

다만, 용역제공과 관련하여 위의 조건을 하나라도 충족하지 못하는 경우에는 진행기준을 적용하지 아니하고 인식된 비용의 범위 내에서 회수가능한 금액을 수익으로 인식한다.

용역제공의 유형		수익인식방법
설치용역 수수료		설치용역이 부수적이 아닌 경우 진행기준
재화 판매가액에 추후 제공될 용역		용역대가가 식별가능한 경우 이연시켜 용역기간동안 수익 인식
방송사의 광고수익		광고를 대중에게 전달하는 시점
광고제작용역		진행기준
임대업, 수출대행업, 전자쇼핑몰 등		임대료 또는 판매수수료
보험 대리인의 수수료	추가 용역 제공 없음	보험의 개시일 또는 갱신일
	추가 용역 제공 확실	이연처리 후 보험계약기간동안 수익 인식

예술공연 등의 입장료		행사가 개최되는 시점
수강료		강의기간 동안 발생기준으로 인식
입회비, 연회비	재화 등의 제공대가 별도 수취	회비의 회수가 확실하게 된 시점
	재화 등의 무상 또는 저렴한 이용	제공될 효익의 시기, 성격, 가액을 반영하는 합리적인 기준
프랜차이즈 수수료	설비 등의 제공	해당 자산의 인도시점 또는 소유권 이전시점
	창업지원용역 운영지원용역	용역의 대부분을 수행한 시점(단, 회수가능성이 불확실한 경우는 현금 수취시점)
주문개발하는 소프트웨어의 대가		진행기준

(3) 이자, 배당금, 로얄티

① 수익금액을 신뢰성있게 측정할 수 있으며,

② 경제적효익의 유입 가능성이 매우 높을 때 인식한다.

따라서, 이자수익은 원칙적으로 유효이자율을 적용하여 발생기준에 따라 인식한다. 배당금수익은 배당금을 받을 권리와 금액이 확정되는 시점에 인식한다. 로열티수익은 관련된 계약의 경제적 실질을 반영하여 발생기준에 따라 인식한다.

(4) 기타

① 수익가득과정이 완료되었거나 실질적으로 거의 완료되었고

② 경제적효익의 유입 가능성이 매우 높으며,

③ 수익금액을 신뢰성있게 측정할 수 있을 때 발생기준에 따라 합리적인 방법으로 인식한다.

3. 비용의 인식기준

비용의 인식은 수익이 인식된 시점에 그 수익과 관련한 비용을 인식한다는 것으로 수익비용대응의 원칙이라고 한다. 이 원칙을 적용할 때는 다음의 기준에 의해 인식한다.

(1) 직접대응

직접적으로 대응될 수 있는 비용은 수익이 실현되는 시점에 바로 대응되어 인식합니다. 예를 들면 매출원가의 계상이다.

(2) 합리적이고 체계적인 방법에 의한 기간배분

직접적인 인과관계가 없는 비용은 수익활동에 기여한 것으로 판단되는 해당기간 내에 합리적으로 배분하는 것으로 감가상각의 계상이 대표적이다.

(3) 당기에 즉시 인식

발생원가가 미래 경제적 효익의 가능성이 불확실한 경우 발생 즉시 비용으로 인식하는 것으로 판매비와관리비의 계상이 대표적이다.

4. 손익계산서의 작성기준(기업회계기준 제35조)

손익계산서는 다음 각호에 따라 작성하여야 한다.

(1) 모든 수익과 비용은 그것이 발생한 기간에 정당하게 배분되도록 처리하여야 한다. 다만, 수익은 실현시기를 기준으로 계상하고 미실현수익은 당기의 손익계산서에 산입하지 아니함을 원칙으로 한다.

(2) 수익과 비용은 그 발생원천에 따라 명확하게 분류하고 각 수익항목과 이에 관련되는 비용항목을 대응표시하여야 한다.

(3) 수익과 비용은 총액에 의하여 기재함을 원칙으로 하고 수익항목과 비용항목을 직접 상계함으로써 그 전부 또는 일부를 손익계산서에서 제외하여서는 아니된다.

(4) 손익계산서는 매출총손익, 영업손익, 경상손익, 법인세비용차감전순손익과 당기순손익으로 구분표시하여야 한다. 다만, 제조업·판매업 및 건설업 이외의 기업에 있어서는 매출총손익의 구분표시를 생략할 수 있다.

제 2 장   매출과 매출원가

1. 매출의 개요

매출액은 기업의 주된 영업활동에서 발생한 제품, 상품, 용역 등의 총매출액에서 매출할인, 매출환입, 매출에누리를 차감한 금액이다. 이 경우에 일정기간의 거래수량이나 거래금액에 따라 일정액을 감액하여 주는 것은 매출에누리에 포함한다. 차감금액이 중요한 경우에는 총매출액에서 차감하는 형식으로 표시하거나 주석으로 기재한다.

매출의 수익인식시기에 대한 기업회계기준과 세법의 손익귀속시기가 대부분 일치 또는 세법이 수용하는 입장이지만, 차이가 나는 매출(예 이자수익)에 대해서는 주의하여야 한다.

2. 매출원가의 개요

매출원가는 기초제품(또는 상품)재고원가에 당기제품제조원가(또는 당기상품순매입원가)를 가산하여 산출한 판매가능제품(또는 상품)원가에서 기말제품(또는 상품)재고원가를 차감한 금액이다.

제품·상품에 대하여 생산·판매 또는 매입 외의 사유로 증감액이 있는 경우와 관세환급금 등 기타 매출원가 항목으로 부가 또는 차감하여야 할 것이 있는 경우에는 이를 매출원가의 계산에 반영한다.

당기상품순매입원가는 상품의 총매입액에서 매입할인, 매입환출, 매입에누리를 차감한 금액이다. 이 경우 일정기간의 거래수량이나 거래금액에 따라 일정액을 감액받는 것은 매입에누리에 포함한다. 그리고, 상품매입과 관련하여 직접 발생한 제비용은 매입액에 포함한다.

3. 매출

상품매출

매출액 < 손익계산서

 **상품매출**

도·소매업종에서 발생하는 것으로 상품의 판매가 이루어졌을 때 사용하는 계정과목이다. 상품은 외부에서 구입하여 제조의 과정을 거치지 아니한 상태에서 판매되는 재화를 말한다.

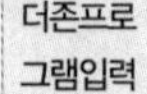 **분개사례**

① 상품을 외상으로 판매하는 경우

을상품을 (주)흥부에게 외상으로 판매하고, 세금계산서를 발행하다. 판매가액은 5,500,000원(부가세 포함)이다.

[차변] 외상매출금	5,500,000	[대변] 상품매출	5,000,000
		부가세예수금	500,000

더존프로 그램입력	• 재무회계 > 전표입력/장부 > 매입매출전표입력 • 유형(매출:과세) > 품명(을상품) > 공급가액 > 거래처 > 분개(외상) • 대변(상품매출)

② 외상대금을 보통예금통장으로 받은 경우

(주)흥부에게 외상판매한 상품대금 5,500,000원을 보통예금통장으로 받다.

```
[차변] 보통예금          5,500,000   [대변] 외상매출금          5,500,000
```

더존프로그램입력
- 재무회계 > 전표입력/장부 > 일반전표입력
- 대체차변 > 보통예금 > 거래처코드 > 금액 > 현재적요
- 대체대변 > 외상매출금 > 거래처코드 > 금액 > 현재적요

③ 상품을 현금 판매하는 경우

갑상품을 판매하고, 판매대금 110,000(부가세 포함)을 현금으로 받다. 세금계산서를 교부해 주다.

```
[차변] 현금             110,000   [대변] 상품매출            100,000
                                        부가세예수금           10,000
```

더존프로그램입력
- 재무회계 > 전표입력/장부 > 매입매출전표입력
- 유형(매출:과세) > 품명(갑상품) > 공급가액 > 거래처 > 분개(현금)
- 입금(상품매출)

[전산입력시 유의사항]

거래상대방의 사업자등록번호 등을 정확히 입력하고 거래처별로 코드를 부여한다.

세무회계 유의사항

① 상품 인도시 거래상대방에게 거래명세표와 세금계산서를 교부한다.
② 재고자산수불부와 매출장에 거래내역을 기록한다.
③ 상품이 인도되는 시점에 세금계산서를 교부한다.
④ 상품매출에 대한 수익의 인식시점은 상품이 인도되는 때이다.

제품매출

매출액 < 손익계산서

 **제품매출**

제조업에서 발생하는 계정으로 제품의 판매가 이루어졌을 때 사용하는 계정과목이다. 제품은 외부에서 원재료 등을 구입하여 내부에서 제조공정을 거치거나 또는 외주를 주어 가공한 재화이다.

 **분개사례**

① 상품을 외상으로 판매하는 경우

갑상품 4,400,000원(부가세 포함)을 (주)흥부에게 외상으로 판매하고 세금계산서를 교부해 주다.

[차변] 외상매출금	4,400,000	[대변] 제품매출	4,000,000
		부가세예수금	400,000

더존프로 그램입력	• 재무회계 > 전표입력/장부 > 매입매출전표입력
	• 유형(매출:과세) > 품명(갑제품) > 공급가액 > 거래처 > 분개(외상)
	• 대변(제품매출)

[전산입력시 유의사항]

거래상대방의 사업자등록번호등을 정확히 입력하고 거래처별로 코드를 부여한다.

📚 세무회계 유의사항

① 제품 인도시 거래상대방에게 거래명세표와 세금계산서를 교부한다.

② 재고자산수불부와 매출장에 거래내역을 기록한다.

③ 반제품(재공품 중에서 판매가 가능한 것)의 판매는 「반제품매출」계정으로 계상한다.

④ 부가가치세법 : 제품의 인도시점에 세금계산서를 교부한다.

⑤ 법인세법·소득세법 : 제품의 인도시점에 수익을 인식한다.

보충자료	세금계산서 교부방법

1. 원칙 : 재화 또는 용역의 공급시기에 교부한다.
2. 예외(세금계산서의 교부특례) : 사업자가 다음 각호의 1에 해당하는 경우에는 재화 또는 용역의 공급일이 속하는 달의 다음달 10일까지 세금계산서를 교부할 수 있다.
   ① 거래처별로 1역월의 공급가액을 합계하여 당해 월의 말일자를 발행일자로 하여 세금계산서를 교부하는 경우
   ② 거래처별로 1역월 이내에서 사업자가 임의로 정한 기간의 공급가액을 합계하여 그 기간의 종료일자를 발행일자로 하여 세금계산서를 교부하는 경우
   ③ 관계증빙서류 등에 의하여 실제거래사실이 확인되는 경우로서 당해 거래일자를 발행일자로 하여 세금계산서를 교부하는 경우

수출매출

매출액 < 손익계산서

수출매출

수출거래에서 발생한 매출액이며, 내국신용장 또는 구매확인서에 의해 공급되는 재화·용역에 대해서도 수출거래로 본다. 수출이 주거래인 경우 국내 거래와 구분하여 '수출매출'이라는 계정을 사용하지만, 수출이 일시적인 경우에는 국내거래에 포함하여 사용하기도 한다.

분개사례

(주)템플과 10,000$의 수출계약을 하다.
1. 2005년 11월 15일(1$ = 1,200원) : 선수금으로 5,000$를 받다.
2. 2005년 12월 15일(1$ = 1,300원) : 선적일
3. 2005년 12월 31일(1$ = 1,200원) : 결산일
4. 2006년 02월 10일(1$ = 1,100원) : 결제일

① 2005년 11월 15일의 분개

[차변] 보통예금	6,600,000	[대변] 선수금	6,000,000

더존프로 그램입력

- 재무회계 > 전표입력/장부 > 일반전표입력
- 대체차변 > 보통예금 > 거래처코드 > 금액 > 현재적요
- 대체대변 > 선수금 > 거래처코드 > 금액 > 현재적요

② 2005년 12월 15일의 분개

```
[차변] 선수금              6,000,000   [대변] 수출매출         13,000,000
       외상매출금          7,000,000
```

더존프로 그램입력
- 재무회계 > 전표입력/장부 > 매입매출전표입력
- 유형(매출:수출) > 품명(갑상품) > 공급가액 > 거래처 > 분개(혼합)
- 차변(선수금, 외상매출금) > 대변(수출매출)

③ 2005년 12월 31일의 분개

```
[차변] 외화환산손실          500,000   [대변] 외상매출금           500,000
```

더존프로 그램입력
- 재무회계 > 전표입력/장부 > 일반전표입력
- 대체차변 > 외화환산손실 > 금액 > 현재적요
- 대체대변 > 외상매출금 > 거래처코드 > 금액 > 현재적요

④ 2006년 02월 10일의 분개

```
[차변] 보통예금            5,500,000   [대변] 외상매출금         6,500,000
       외환차손            1,000,000
```

더존프로 그램입력
- 재무회계 > 전표입력/장부 > 일반전표입력
- 대체차변 > 보통예금, 외환차손 > 거래처코드 > 금액 > 현재적요
- 대체대변 > 외상매출금 > 거래처코드 > 금액 > 현재적요

[전산입력시 유의사항]

12월 15일 전산전표 입력시 과세에서 '수출'로 입력한다. '영세'로 입력하면 세금계산서가 발행된 것이 되므로 세금계산서합계표에 집계가 된다.

📙 세무회계 유의사항

(1) 수출시 수익인식시점은 선적일이다. 그러나, 통상 실무에서는 통관일을 기준으로 업무를 처리하지만 결산시에는 선적일로 조정하여야 한다.

(2) 부가가치세법

① 직수출·대행수출의 경우에는 세금계산서를 교부하지 않고, 내국신용장에 의한 경우에는 세금계산서를 영세율로 교부하여야 한다.

② 재화 및 용역의 공급대가를 외국통화 또는 기타 외국환으로 받은 때에는 다음 각 호에 규정하는 금액을 그 대가로 하도록 하고 있다.

- 재화의 공급시기 도래전에 원화로 환가한 경우에는 그 환가한 금액
- 재화의 공급시기 이후에 외국통화 기타 외국환의 상태로 보유하거나 지급받은 경우에는 그 공급시기의 외국환거래법에 의한 기준환율 또는 재정환율에 의해 계산한 금액

(3) 법인세법·소득세법

① 수출의 손익인식시기는 선적일이다.

② 사업연도 중에 발생한 외화자산·부채는 발생일 현재 외국환거래법에 의한 기준환율 또는 재정환율에 의해 환산하고 외화자산·부채의 발생일이 공휴일인 때에는 그 직전일의 환율에 의한다.

③ 「수출용원재료에대한관세등환급에관한특례법」의 규정에 의하여 환급받을 관세 등으로서 수출과 동시에 환급받을 세액이 확정되지 아니하는 관세환급금의 귀속사업연도는 당해 환급금의 결정통지일 또는 환급일 중 빠른 날이 속하는 사업연도로 하는 것이나, 일반적으로 공정·타당하다고 인정되는 기업회계기준을 적용하거나 관행을 계속적으로 적용하

여 온 경우에는 당해 기업회계기준 또는 관행에 의하는 것이다.

 **관련법령**

부가가치세법 시행령 제51조

법인 통칙 42-76-2

법인 예규(법인 46012-2567, 1998.9.11)

TIP	기준환율과 재정환율

1. 기준환율 : 외국환은행이 고객과 원화와 미달러화를 매매한 때 기준이 되는 환율을 말하며, 시장평균율이라고도 한다.
2. 재정환율 : 미국 달러화 이외의 다른 나라 돈에 대한 원화환율을 말한다.

보충자료	수출무역조건과 대금결제방법

Ⅰ. 수출시 무역조건
1. 선적지 인도조건
   (1) F.O.B. : 매수인의 지정선적항에서 본선의 난간을 통과하는 시점에 수출업 자의 의무는 없어짐
   (2) C.I.F. : 수출업자의 의무는 F.O.B.와 동일하게 본선의 난간을 통과하는 시점이며, 수출업자가 보험료와 운임까지 모두 부담함
2. 목적지 인도조건
   (1) 부두인도 : 목적항 부두에서 수입통관되지 않고 수입업자에게 인도되는 것임
   (2) 보세창고도 : 수입관세를 부담하는 경우와 부담하지 않는 경우로 나누어지 며, 보세창고에서 인도함.

Ⅱ. 대금의 결제방법

1. 신용장에 의한 결제방법

　(1) 일람출급환어음(At sight Bill)

　　환어음의 소지자가 지급인에게 어음을 제시함과 동시에 지급의무가 발생하는 환어음

　(2) 기한부어음(Usance Bill)

　　어음제시시점에서 지급인은 단지 어음만기일에 지급을 하겠다는 약속인 인수배서만을 한 후 일정한 기일 후에 지급의무가 발생하는 어음

2. 무신용장에 의한 결제방법

　(1) 추심결제방법

　　① D/A : 추심은행(수입업자의 거래은행)이 어음지급인(수입업자)의 어음인수와 동시에 선적서류를 인도하여 주고 그 어음의 지급만기일에 어음지급인으로부터 대금을 받아 추심의뢰은행(수출업자의 거래은행)에 송부하여 주는 거래방식

　　② D/P : 환어음의 송부를 받은 추심은행이 어음지급인에 대하여 선적서류를 대금의 지급과 동시에 인도하여 주고 그 대금을 추심의뢰은행에 송부하여 주는 거래방식

　(2) 송금결제방법

　　① 전신환송금(T.T)

　　② 우편환송금(M.T)

　　③ 요구불환어음(D.D)

용역매출

매출액 < 손익계산서

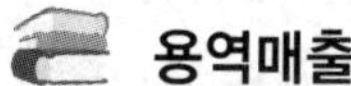 용역매출

재화가 아닌 경제적 가치가 있는 서비스, 인적자원, 효용 등의 용역을 제
공함으로써 인식되는 매출이다. 주로 서비스업 등에서 사용하는 계정이다.

분개사례

① 세무고문 용역을 제공하는 경우

놀부세무사는 (주)흥부에게 1,000,000원(부가세 별도)에 세무고문 서비스를 제
공하고 대금은 매월말에 보통예금으로 지급받기로 하다. 세금계산서를 교부
해 주다.

[차변] 보통예금	1,100,000	[대변] 용역매출	1,000,000
		부가세예수금	100,000

**더존프로
그램입력**
- 재무회계 > 전표입력/장부 > 매입매출전표입력
- 유형(매출:과세) > 품명(세무고문) > 공급가액 > 거래처 > 분개(혼합)
- 대변(용역매출) > 차변(보통예금) > 적요변경 > 거래처코드

 **세무회계 유의사항**

① 용역의 수익인식은 진행기준에 의한다.

② 부가가치세법 : 용역의 공급시기는 용역의 제공이 완료되는 때이다. 따라서, 공급시기에 세금계산서를 교부하여야 한다.

③ 법인세법 : 손익귀속시기는 단기건설 등의 경우에는 인도일 또는 용역제공완료일이며, 장기건설 등의 경우에는 진행기준이다. 단, 단기건설 등의 경우에 기업회계상 진행기준에 의해 회계처리한 경우 세무상으로 수용하고 있다.

할부매출

매출액 < 손익계산서

할부매출

상품 또는 제품을 판매할 때 판매대금을 분할하여 회수하는 조건으로 이루어지는 매출이다.

분개사례

① 상품을 할부로 판매하는 경우

2005년 10월 10일 갑상품 할부판매 내용은 다음과 같다.

할부매출액   : 4,400,000원(부가세 포함)

할부매출원가 : 3,400,000원

현금회수액   : 2005년 10월 28일 1,100,000원

2005년 11월 30일 2,200,000원

2005년 12월 30일 1,100,000원

2005년 10월 10일 갑상품을 인도하면서 세금계산서를 교부해 주다.

[차변] 외상매출금	4,400,000	[대변] 할부매출	4,000,000
		부가세예수금	400,000

더존프로 그램입력

• 재무회계 > 전표입력/장부 > 매입매출전표입력

• 유형(매출:과세) > 품명(갑상품) > 공급가액 > 분개(외상)

• 대변(할부매출)

[전산입력시 유의사항]

「할부매출」계정이 계정과목에 없는 경우 회사설정계정과목에서 만들어서 사용한다.

📚 세무회계 유의사항

① 기업회계기준에서는 장·단기 구분없이 인도기준에 의해 매출을 인식한다.

② 부가가치세법
- 단기할부판매의 공급시기는 인도하는 때이므로 인도시점에 세금계산서를 교부하고, 장기할부판매의 경우에는 대가의 각 부분을 지급하는 때에 세금계산서를 교부한다.
- 장기할부판매란 재화를 공급하고 그 대가를 월부·연부 기타 부불방법에 따라 대가를 2회 이상 분할하여 받는 것으로서 당해 재화의 인도일의 다음날부터 최종부불금의 지급기일까지의 기간이 1년 이상인 것을 말한다.

③ 법인세법·소득세법
- 장·단기할부판매의 손익인식시기는 인도기준이다. 단, 인도기준을 적용하지 않은 경우 회수하였거나 회수할 금액과 그에 대응하는 비용을 계상한다.
- 법인세법에서 장기할부조건이란 판매금액이 2회(계약금 제외) 이상 분할되고, 인도일의 다음날부터 최종할부금의 지급기일까지 1년 이상인 경우를 말한다.

매출에누리

매출액의 차감 < 손익계산서

 **매출에누리**

상품·제품을 판매한 후 판매한 상품·제품의 수량부족이나 품질불량 등의 사유로 사후적으로 가격을 감액해 주는 것을 말한다. 여기서, 일정기간의 거래수량이나 거래금액에 따라서 매출액을 감액하는 것도 매출에누리로 보고 있다.

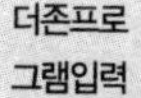 **분개사례**

① 외상판매한 상품의 수량부족으로 인해 에누리를 해주는 경우

(주)흥부에게 판매한 갑상품의 수량이 부족하여 550,000원(부가세 포함)을 에누리 해주다. 수정세금계산서를 발행하다.

[차변] 매출에누리	500,000	[대변] 외상매출금		550,000
부가세예수금	50,000			

더존프로
그램입력
- 재무회계 > 전표입력/장부 > 매입매출전표입력
- 유형(매출:과세) > 품명(갑상품) > 공급가액(음수) > 거래처 > 분개(혼합)
- 대변(외상매출금) > 차변(매출에누리(매출환입및에누리))

[전산입력시 유의사항]

부가세예수금 계정이 대변계정으로 고정되어 있으므로 금액을 음수로 입력하면 된다.

 세무회계 유의사항

① 매출에누리는 매출액에서 직접 차감한다. 따라서, 손익계산서의 매출액은 매출에누리가 차감된 금액이다.

② 부가가치세법

- 계약조건의 상이로 당사자의 합의에 의하여 가격의 증감이 있는 경우에는 매출에누리로 보아 수정세금계산서 발급대상이다.
- 공급자측의 계약불이행으로 인하여 공급받는 자가 재화 또는 용역의 공급없이 받는 위약금 또는 이와 유사한 손해배상금은 부가가치세 과세대상이 아니다.

③ 법인세법 : 모든 거래처에 대하여 동일한 조건의 사전약정에 의하여 신제품 출시 등의 불가피한 사유로 인하여 일정기간 구형제품 판매가격 인하를 소급 적용하는 경우에는 동 금액은 매출에누리로 볼 수 있다.

보충자료	수정세금계산서의 작성 및 교부방법

1. 공급가액을 수정하는 경우

　세금계산서를 교부한 후 당초의 공급가액에 추가 또는 차감되는 금액이 발생한 경우에는 그 발생한 때에 수정세금계산서를 교부하여야 한다.

　수정세금계산서 작성방법은 다음과 같다.

　① '작성연월일'란에 그 증감사유가 발생한 일자를 기재한다.

　② 추가되는 공급가액과 세액은 검은 글씨로 차감되는 공급가액과 세액은 빨간 글씨로 기재한다.

　③ '비고'란에 당초 세금계산서의 교부일자와 공급가액의 증감사유를 기재한다.

2. 공급가액 외의 사항을 수정하는 경우

　세금계산서를 교부한 후 그 기재사항에 관하여 착오 또는 정정사유가 발생한 경우에는 부가가치세의 과세표준과 납부세액(또는 환급세액)을 경정하여 통지하기 전까지 세금계산서를 수정하여 교부할 수 있다.

　수정세금계산서 작성방법은 다음과 같다.

　① 당초에 교부한 세금계산서는 빨간 글씨로 수정하는 세금계산서는 검은 글씨로 각각 작성하여 교부한다.

　② 주서분과 흑서분의 '작성연월일'란에 당초 세금계산서의 교부일자를 기재한다.

　③ '비고'란에 수정세금계산서를 실제로 작성하는 일자와 수정세금계산서 교부사유를 기재한다.

3. 내국신용장 등의 사후개설시 수정하는 경우

　사업자가 재화 또는 용역을 공급한 후 당해 과세기간 종료 후(6/30 또는 12/31) 20일 내에 내국신용장 또는 구매승인서가 개설되어 수정세금계산서를 교부하는 경우 그 '작성일자'는 당초 세금계산서의 작성일자를 기재하고 '비고'란에 내국신용장 등의 개설일자를 부기하여야 한다.

관련법령

법인 예규(법인 46012-3448. 1998.11.11 외)

부가 예규(부가 22601-1174, 1992.07.27)

매출환입

매출액의 차감 < 손익계산서

 **매출환입**

품질차이, 파손, 계약취소 등의 사유로 판매한 상품·제품이 반품되어 온 것을 말한다.

 **분개사례**

① 외상판매한 상품이 반품되는 경우

(주)흥부에게 외상판매한 갑상품 중 550,000원(부가세 포함)에 해당되는 상품이 불량으로 반품되어 수정세금계산서를 발행하다.

[차변] 매출환입	500,000	[대변] 외상매출금	550,000
부가세예수금	50,000		

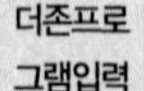
더존프로 그램입력
- 재무회계 > 전표입력/장부 > 매입매출전표입력
- 형태(매출:과세) > 품명(갑상품) > 공급가액(음수) > 거래처 > 분개(혼합)
- 대변(외상매출금) > 차변(매출환입(매출환입및에누리))

[전산입력시 유의사항]

「부가세예수금」계정이 대변계정으로 고정되어 있으므로 금액을 음수로 입력하면 된다.

 **세무회계 유의사항**

① 매출환입은 매출액에서 직접 차감한다.

② 부가가치세법 : 수정세금계산서 교부시 작성일자는 반품일자로 기재하고, 금액은 음수로 기재한다.

매출할인

매출액의 차감 < 손익계산서

 **매출할인**

일정한 기간 내에 매출대금을 조기에 회수하는 경우 당초의 판매가액에서 일정율을 할인하여 주는 것을 말한다.

 **분개사례**

① 외상대금을 조기에 회수하여 할인해 주는 경우

외상판매 후 10일 이내에 대금을 지불하는 경우에 외상대금의 2%를 할인해 주고 있다. (주)흥부로부터 2% 할인액을 차감한 980,000원을 보통예금으로 송금받다.

[차변] 보통예금	980,000	[대변] 외상매출금	1,000,000
매출할인	20,000		

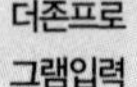

더존프로
그램입력

- 재무회계 > 전표입력/장부 > 일반전표입력
- 대체차변 > 보통예금, 매출할인 > 거래처코드 > 금액 > 현재적요
- 대체대변 > 외상매출금 > 거래처코드 > 금액 > 현재적요

 **세무회계 유의사항**

① 매출할인, 판매장려금, 접대비의 해당 여부를 명확히 구분한다.

② 부가가치세법 : 매출할인은 수정세금계산서 교부대상이 아니므로 수정세금계산서를 교부하지 않는다. 이 때 법인세 신고시 부가가치세 신고서상의 공급가액과 법인세의 수입금액이 매출할인액만큼 차이가 나므로 수입금액조정명세서에서 조정해 준다.

③ 법인세법 : 사전약정에 의하여 불특정다수인에게 동일한 조건으로 매출액 비율 등에 따라 지급하는 금액의 경우는 매출할인으로 인정받을 수 있는 것이나, 특정거래처에만 사전약정과 다르게 지급하는 금액의 경우에는 매출할인에 해당되지 아니하고 접대비 등에 해당된다.

TIP	위탁매출

자기(위탁자)의 상품 등을 타인(수탁자)에게 위탁하여 판매하는 형태로서 수탁자가 상품을 판매하는 시점이 판매인식시점이다.

매 입
(또는 상품)

당기상품매입액 < 매출원가 < 손익계산서

📚 매입

기중에 상품을 매입할 때마다 사용하는 임시계정이다. 기중에 발생한 '매입'계정의 총액은 결산시에 '매출원가'계정으로 대체시킨다. 실무에서는 '매입'계정 대신 '상품'계정을 사용하기도 한다. 여기에서는 상품계정으로 표시하고자 한다.

📚 분개사례

① 상품을 외상으로 구입하는 경우

(주)홍부로부터 갑상품을 외상으로 11,000,000원(부가세 포함)에 구입하다.

[차변] 상품	100,000,000	[대변] 외상매입금	110,000,000
매출할인	10,000,000		

더존프로 그램입력	• 재무회계 > 전표입력/장부 > 매입매출전표입력
	• 유형(매입:과세) > 품명(갑상품) > 공급가액 > 거래처 > 분개(외상)
	• 차변(상품)

② 상품을 구입하면서 부대비용을 지급하는 경우

(주)홍부로부터 갑상품을 구입하면서 입고시까지 운송료 110,000원(부가세 포

함), 하역비 110,000원(부가세 포함)의 매입부대비용을 현금으로 지급하고, 세금계산서를 교부받다.

[차변] 상품	200,000	[대변] 현금	220,000
부가세대급금	20,000		

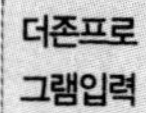
- 재무회계 > 전표입력/장부 > 매입매출전표입력
- 유형(매입:과세) > 품명(운반비 외) > 공급가액 > 거래처 > 분개(현금)
- 출금(상품)

 ## 세무회계 유의사항

상품 취득시에 수반되는 운반비, 보험료 등의 부대비용은 「상품」계정으로 계상한다.

매입에누리

당기상품매입액의 차감 < 매출원가 < 손익계산서

 매입에누리

매입한 후에 매입한 상품·제품의 수량부족이나 품질불량 등의 원인으로 가격을 할인 받는 것을 말한다.

 분개사례

① 구입한 상품의 일부가 불량인 경우

(주)흥부로부터 구입한 갑상품 중 일부가 불량이어서 110,000원(부가세.포함)을 에누리받으면서 수정세금계산서를 교부받다.

[차변] 외상매입금	110,000	[대변] 매입에누리	100,000
		부가세대급금	10,000

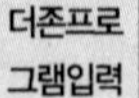

더존프로 그램입력

- 재무회계 > 전표입력/장부 > 매입매출전표입력
- 유형(매입:과세) > 품명(갑상품에누리) > 공급가액(음수) > 거래처 > 분개(혼합)
- 차변(외상매입금) > 대변(매입환출및에누리)

[전산입력시 유의사항]

「부가세대급금」 계정이 차변계정으로 고정되어 있으므로 금액을 음수로 입력한다.

 **세무회계 유의사항**

① 매입에누리는 매입액에서 직접 차감한다.

② 기업회계기준에서는 일정기간의 거래수량이나 거래금액에 따라 매입액을 감액받는 것도 매입에누리로 규정하고 있다.

③ 부가가치세법 : 수정세금계산서 교부대상이므로 수정세금계산서를 교부받는다.

매입환출

당기상품매입액의 차감 < 매출원가 < 손익계산서

 **매입환출**

품질차이, 파손, 계약의 취소 등의 이유로 매출처로 반송시키는 것을 말한다.

 **분개사례**

① 구입한 상품의 일부가 불량이어서 반품시키는 경우

(주)흥부로부터 구입한 갑상품 중 일부가 불량이어서 110,000원(부가세 포함)에 해당하는 상품을 반품시키다. 수정세금계산서를 교부받다.

[차변] 외상매입금	110,000	[대변] 매입환출	100,000
		부가세대급금	10,000

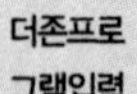

더존프로 그램입력	• 재무회계 > 전표입력/장부 > 매입매출전표입력
	• 유형(매입:과세) > 품명(갑상품반품) > 공급가액(음수) > 거래처 > 분개(혼합)
	• 차변(외상매입금) > 대변(매입환출및에누리)

[전산입력시 유의사항]

「부가세대급금」 계정이 차변계정으로 고정되어 있으므로 금액을 음수로 입력한다.

 ### 세무회계 유의사항

① 매입환출은 매입액에서 직접 차감한다.

② 부가가치세법 : 수정세금계산서 교부대상이므로 수정세금계산서를 교부
받는다.

매입할인

당기상품매입액의 차감 < 매출원가 < 손익계산서

 **매입할인**

일정한 기간 내에 매입대금을 지급한 경우 당초의 매입가격에서 일정률을 할인하여 주는 것을 말한다.

 **분개사례**

① 외상대금을 조기에 지급하여 할인받는 경우

(주)흥부에게 외상매입금(지급기일 15일) 1,000,000원에 대하여 구입일로부터 5일 후에 2% 할인된 금액인 980,000원을 통장으로 이체시켜 주다.

[차변] 외상매입금	1,000,000	[대변] 보통예금	980,000
		매입할인	20,000

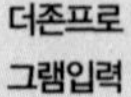

더존프로 그램입력
- 재무회계 > 전표입력/장부 > 일반전표입력
- 대체차변 > 외상매입금 > 거래처코드 > 금액 > 현재적요
- 대체대변 > 보통예금, 매입할인 > 거래처코드 > 금액 > 현재적요

 **세무회계 유의사항**

① 매입할인액은 매입액에서 직접 차감한다.

② 부가가치세법 : 할인액은 수정세금계산서 교부대상이 아니므로 수정세
금계산서를 교부받을 수 없다.

제 3 장 판매비와 관리비

1. 판매비와 관리비의 개요

판매비와관리비는 영업비용으로서 매출원가에 속하지 아니하는 비용을 말한다. 판매비와관리비는 회사의 관리목적에 따라 세부계정을 별도로 정하여 사용하고, 손익계산서를 공시하는 경우에는 유사한 계정과목끼리 통합하여 공시할 수도 있다.

판매비와관리비			
급여	접대비	도서인쇄비	운반비
퇴직급여	감가상각비	보험료	견본비
잡급	무형자산상각비	차량유지비	회의비
복리후생비	세금과공과	판매수수료	포장비
교육훈련비	광고선전비	지급수수료	보관료
여비교통비	연구비	수선비	잡비
통신비	경상개발비	외주비	
소모품비	대손상각비	수도광열비	
임차료	사무용품비	수출제비용	

급 여

판매비와관리비 < 손익계산서

 급여

급여는 임원급여, 직원급여, 임금 및 제수당을 포함한 것으로 임원급여와 직원급여로 구분하여 사용하기도 한다. 일반적으로 생산직 종업원에 대하여 임금으로, 관리직 종업원은 급여로 사용한다. 상여금과 제수당은 급여에 포함하여 사용하나, 실무상 상여금은 별도의 계정으로 사용하기도 한다.

분개사례

① 급여를 통장으로 이체하는 경우

관리직 직원 급여 15,000,000원에서 갑근세 등 예수금 1,000,000원을 공제한 금액을 급여통장으로 이체시키다.

[차변] 급여	15,000,000	[대변] 보통예금	14,000,000
		예수금	1,000,000

더존프로 그램입력	• 재무회계 > 전표입력/장부 > 일반전표입력 • 대체차변 > 급여 > 거래처명 > 금액 > 현재적요 • 대체대변 > 보통예금(거래처코드), 예수금 > 금액 > 현재적요

[전산입력시 유의사항]

예수금은 국민연금, 건강보험, 고용보험, 갑근세·주민세로 구분하여 각각 입력하는 것이 예수금 관리상 편리하다.

세무회계 유의사항

① 급여대장은 작성하여 보관하고, 급여명세서는 임·직원에게 교부한다.

② 급여에는 기본급, 가족수당, 벽지수당, 상여금, 연장근무수당, 연차수당, 월차수당, 자가운전보조수당, 주휴수당, 직무수당, 출납수당, 통근수당 등을 포함한다.

③ 임원상여금 : 임원의 상여금은 정관·주주총회·사원총회 또는 이사회의 결의에 의하여 결정된 급여지급기준에 의하여 지급하는 금액을 초과하는 금액은 비용으로 인정하지 않고 있다.

④ 지배주주인 임·직원의 급여 : 법인이 지배주주인 임원 또는 사용인에게 정당한 사유없이 동일 지위에 있는 지배주주 등 외의 임원 또는 사용인에게 지급하는 금액을 초과하여 보수를 지급한 경우 그 초과금액은 이를 손금에 산입하지 아니한다.

⑤ 사외이사의 보수 : 거주자인 사외이사가 고용관계나 이와 유사한 계약에 의하여 독립적인 자격없이 그 계약에 의하여 직무를 수행하고 지급받는 보수는 근로소득에 해당하는 것이며, 그 사외이사가 지급받는 실비변상 정도의 체재비·항공료 등은 비과세하는 것이나, 당해 금액의 적정 여부는 체재기간·지급금액 등을 감안하여 사실판단할 사항이다.

⑥ 비과세 근로소득

- 일직료·숙직료 등의 실비변상적인 성질의 급여
- 월 20만원 이내의 자가운전보조수당

- 월 10만원 이내의 식대(별도의 식사 제공을 받지 아니하여야 함)
- 월정액급여 100만원 이하인 생산직 근로자가 지급받는 연장, 야간, 휴일근로수당으로서 연 240만원 이내의 금액
- 근로자 또는 그 배우자의 출산이나 6세 이하의 자녀의 보육비로서 월 10만원 이내의 금액

⑦ 법인세법에 의하여 처분된 인정상여 : 인정상여의 지급시기의제일은 법인세과세표준신고일 또는 소득금액변동통지서 수령일이다. 따라서, 원천징수의무자는 인정상여 귀속자의 근로소득에 대한 연말정산분에 인정상여를 포함하여 재정산한 원천징수세액을 그 다음달 10일까지 신고납부하여야 한다.

⑧ 연말정산 : 근로소득을 지급하는 모든 개인, 법인은 근로소득세를 연말정산하여야 한다. 즉, 다음연도 1월분의 소득을 지급하는 때에 직전 1년 동안 지급한 근로소득에 대한 세액을 정확히 계산하여 매월 원천징수한 세액과 비교하여 환급 또는 추가징수하여야 한다.

이 때 소득공제를 받으려는 근로자는 「근로자소득공제신고서」에 소득공제에 해당하는 증빙서류를 구비하여 원천징수의무자에게 제출하여야 한다.

📚 관련법령

소득 예규(소득 46011-2114, 1997.7.28)

보충자료	비상근임원의 보수

※ 비상근임원에게 지급하는 보수는 부당행위계산부인의 대상이 아니면 전액 손금으로 인정된다(법령 43조 1항).

※ 비상근임원에게 지급하는 보수는 법인규모 · 영업내용 · 근로의 제공 · 경영참여 사실여부 등으로 보아 급여지급액이 부당하지 않으면 손금산입된다(법인 46012-2575, 99.7.6).

※ 법인이 임원으로 등재만 되어 있을 뿐 그 직무에 종사하지 아니한 비상근임원에게 퇴직금을 지급함으로써 조세의 부담을 부당히 감소시킨 것으로 인정되는 경우에는 법인세법상 부당행위계산부인의 규정을 적용하는 것이다(법인 46012-2912, 98.10.8).

TIP	월정액급여

매월 직급별로 지급받는 봉급, 급료, 보수, 임금, 수당 기타 이와 유사한 성질의 급여의 총액에서 상여 등 부정기적인 급여와 비과세소득인 실비변상적인 성질의 급여를 제외한 금액을 말한다.

퇴직급여

판매비와관리비 < 손익계산서

 퇴직급여

퇴직급여는 임직원이 퇴직하는 경우 지급해야 할 근로의 대가로서 그 금액은 회사가 정해진 기준에 따라 지급하지만, 최소액은 근로기준법에 정해져 있다.

분개사례

① 퇴직금을 지급하는 경우(퇴직급여충당금이 설정되어 있지 않는 경우)

갑부장이 퇴직하여 퇴직금 10,000,000원에서 퇴직소득 원천세 100,000원을 차감한 잔액을 지급하다. 퇴직급여충당금이 설정되어 있지 않다.

[차변] 퇴직급여	10,000,000	[대변] 보통예금	9,900,000
		예수금	100,000

**더존프로
그램입력**
- 재무회계 > 전표입력/장부 > 일반전표입력
- 대체차변 > 퇴직급여 > 금액 > 현재적요
- 대체대변 > 보통예금, 예수금 > 거래처코드 > 금액 > 현재적요

② 퇴직보험 가입자가 퇴직하는 경우(퇴직급여충당금이 부족한 경우)

을부장이 퇴사하다. 을부장의 퇴직금은 10,000,000원이고, 엘지보험사에 예치

된 퇴직보험료는 3,000,000원이므로 퇴직소득세 100,000원을 제외한 6,900,000원을 송금하다. 퇴직급여충당금잔액은 3,000,000원이다.

[차변] 퇴직보험충당금	3,000,000	[대변] 퇴직보험예치금	3,000,000
퇴직급여충당금	3,000,000	예수금	100,000
퇴직급여	4,000,000	보통예금	6,900,000

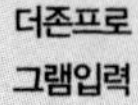

- 재무회계 > 전표입력/장부 > 일반전표입력
- 대체차변 > 퇴직보험충당금, 퇴직급여충당금, 퇴직급여 > 금액 > 현재적요
- 대체대변 > 퇴직보험예치금, 예수금, 보통예금 > 거래처코드 > 금액 > 현재적요

세무회계 유의사항

① 퇴직금추계액

- 사업연도종료일 현재 1년 이상 근로한 임·직원이 일시에 퇴사할 경우에 지급해야 할 금액을 말한다.
- 퇴직금추계액은 인별로 계상하여 퇴직급여대장을 작성한다.

② 퇴직급여충당금 : 퇴직급여충당금 계상이 안 된 근로자가 퇴사하더라도 직전연도 말에 퇴직급여충당금이 계상되어 있다면 퇴직급여충당금에서 먼저 차감해 준다.

③ 종업원의 퇴직금 : 세무상 퇴직급여충당금의 손금한도액은 다음 중 적은 금액이다.

- 퇴직금추계액의 40%
- 총급여액의 10%

따라서, 기업회계기준에 따라 퇴직금추계액을 100% 적립하였다고 하여도 60%는 세법에서 손금불산입된다. 이는 퇴직금추계액의 60%는 사외에 예치하여 근로자의 퇴직금을 보호해 주고자 하는 것이다.

④ 임원퇴직금

- 정관이나 정관에서 위임된 퇴직금 지급규정에 지급할 금액이 정하여 진 경우에는 그 금액까지만 손금인정이 된다. 정관에서 [임원퇴직금 은 주주총회에서 결의한 임원퇴직금지급규정에 의한다]고 규정되어 있으면 정관에 정하여진 것으로 본다.
- 상기 규정이 없으면 [1년간 총급여액×10%×근속연수]로 산출된 금 액까지만 비용으로 인정된다.

⑤ 퇴직위로금 : 퇴직금지급규정에 따라 불특정다수의 근로자를 대상으로 특정기간 내에 자진하여 퇴직하는 근로자에게 지급하는 퇴직금과 퇴직 위로금은 퇴직소득에 해당하는 것이나, 퇴직금지급규정에 의하여 지급 하는 경우에도 재직기간 중의 특수한 공로에 의하여 지급하는 퇴직위로 금은 근로소득에 해당한다.

⑥ 임원의 근속기간이 1년 미만인 경우에도 법인세법시행령 제44조 제3항 각호에 규정된 범위내에서 지급하는 퇴직금은 당해 임원에 대한 퇴직소 득으로서 그 퇴직일이 속하는 사업연도의 손금에 산입하는 것이다.

📚 관련법령

소득 예규(서이 46012-10826, 2003.4.21)

잡 급

판매비와관리비 < 손익계산서

잡급

　일용근로자의 보수를 지급할 때 사용하는 계정이다. 일용근로자란 근로를 제공한 날이나 시간에 따라 근로대가를 계산하여 받는 근로자로서 근로계약에 따라 고용주에게 3개월(건설업의 경우는 1년) 이상 계속하여 고용되어 있지 아니한 경우를 말한다.

분개사례

① 아르바이트 비용을 보통예금에서 이체시키는 경우

아르바이트 2명을 고용하여 10일 근로에 대한 잡급을 보통예금으로 지급하다. 총지급액 1,600,000원에서 고용보험, 갑근세, 예수분 300,000원을 공제하다.

[차변] 잡급	1,600,000	[대변] 보통예금	1,300,000
		예수금	300,000

더존프로 그램입력	• 재무회계 > 전표입력/장부 > 일반전표입력 • 대체차변 > 잡급 > 금액 > 현재적요 • 대체대변 > 보통예금, 예수금 > 거래처코드 > 금액 > 현재적요

📚 세무회계 유의사항

① 잡급을 지급할 때 잡급대장 등에 그 지급내역을 기록하고 주민등록등본
또는 주민등록증 사본을 보관한다.
② 원천징수세액 계산

> 1일 원천징수세액 = (일당−8만원)×9%×(1−55%)
> 1일 주민세액 = 1일 원천징수세액×10%

③ 일용근로자의 소득세는 원천징수납부함으로써 납세의무가 종결되는 분
리과세이다. 따라서 연말정산, 지급조서제출의무는 없다.
④ 생산직 일용근로자가 근로기준법에 의한 연장시간근로 · 야간근로 또는
휴일근로로 인하여 통상임금에 가산하여 받는 급여는 월정액급여에 관
계없이 비과세되는 것임

📚 관련법령

소득세법 제12조, 제20조
소득 예규(소득46011-2615, 1997.10.10)

원천징수란 상대방의 소득 또는 수입이 되는 금액을 지급할 때 이를 지급하는 자(원천징수의무자)가 그 금액을 받는 사람(납세의무자)이 내야할 세금을 미리 떼어서 대신 납부하는 제도이다.

1. 원천징수 대상소득

　① 이자소득, 배당소득

　② 봉급, 상여금 등의 근로소득

　③ 퇴직소득

　④ 상금, 강연료 등 일시적 성질의 기타소득

　⑤ 인적용역소득

　⑥ 공급가액의 20%를 초과하는 봉사료

2. 원천징수세액의 신고 및 납부

　원천징수한 세액은 다음달 10일까지 은행. 우체국 등 가까운 금융기관에 납부하고, [원천징수이행상황신고서]는 세무서에 제출한다.

3. 반기별 납부

　(1) 반기별 납부대상자 : 직전연도 상시 고용인원이 10인 이하인 사업자(금융·보험업 제외)로서 세무서장의 승인을 받은 자

　(2) 반기별 신고 및 납부방법

　　① 상반기 원천징수한 세액 : 7/10까지 [원천징수이행상황신고서] 제출 및 납부

　　② 하반기 원천징수한 세액 : 다음해 1/10까지 [원천징수이행상황신고서] 제출 및 납부

　(3) 신청기간

　　① 상반기부터 반기별 납부를 하고자 하는 경우 : 12/1~12/31

　　② 하반기부터 반기별 납부를 하고자 하는 경우 : 6/1~6/30

4. 기타소득의 원천징수

　(1) 원천징수세액 = (지급액－필요경비)×20%(원천징수세율)

　(2) 필요경비

　　① 지급금액의 80%를 인정하는 경우

　　　• 강연료, 전속계약금, 위약금, 방송해설료

　　　• 인적용역을 일시적으로 제공하고 지급받는 대가 등

　　　• 창작품에 대한 원작자로서 받는 원고료, 인세 등

　　　• 상표권, 영업권, 산업상비밀 등의 자산이나 권리의 대여금액

② 기타
  • 수입금액을 얻기 위하여 지출한 비용

5. 사업소득의 원천징수

(1) 원천징수대상 : 전문지식인 등이 고용관계가 없이 독립된 자격으로 직업적으로 용역을 제공하고 받는 대가

(2) 원천징수세액 : 지급금액의 3%

6. 봉사료의 원천징수

(1) 원천징수대상 : 사업자가 음식·숙박용역 등을 제공하고 그 대가와 함께 봉사료를 받아 자기의 수입금액으로 계상하지 아니하고 이를 접대부 등에게 지급하는 경우로서, 그 봉사료금액이 매출액의 20%를 초과하는 경우

(2) 원천징수세액 : 봉사료 지급액의 5%

복리후생비

판매비와관리비 < 손익계산서

복리후생비

근로환경의 개선 및 근로의욕의 고취를 위하여 임·직원의 복리후생을 위하여 지급하는 비용을 말한다.

분개사례

① 건강보험료를 고지서에 의해 납부하는 경우

건강보험공단에서 발송된 4월분 건강보험료 93,640원(근로자부담분 46,820원, 회사부담분 46,820원)을 고지서에 의해 납부하다.

[차변] 예수금	46,820	[대변] 현금	93,640
복리후생비	46,820		

더존프로그램입력	• 재무회계 > 전표입력/장부 > 일반전표입력
	• 출금 > 예수금, 복리후생비 > 금액 > 현재적요

② 직원에게 축의금을 현금으로 지급하는 경우

흥부의 결혼 축의금으로 90,000원을 지급하다.

[차변] 복리후생비	90,000	[대변] 현금	90,000

<table>
<tr><td>더존프로
그램입력</td><td>• 재무회계 > 전표입력/장부 > 일반전표입력
• 출금 > 복리후생비 > 금액 > 현재적요</td></tr>
</table>

세무회계 유의사항

① 직원의 경조사비 지급의 경우에는 청첩장 등과 사내지급규정, 지출결의서 등으로 증빙을 갖추어 놓는다.

② 생산직 직원의 복리후생비는 판매비와관리비 계정이 아닌 제조경비로 분류하여야 한다. 이 때 계정과목명은 동일하다.

③ 복리후생적 성격이나 인건비로 보는 경우 : 다음의 경우는 실무에서 복리후생비로 처리하나 세법에서는 인건비로 보고 있는 경우로서 지급시 또는 연말정산시 급여분에 포함하여 원천징수하여야 한다.

- 창립기념일, 명절 등에 지급하는 선물대
- 임 · 직원 자녀 학자보조금
- 의료비 보조금
- 종업원에게 지급하는 부임수당 중 이주에 소요되는 비용 상당액을 초과하는 부분
- 임 · 직원의 국내여비 중 업무수행상 통상 필요하다고 인정되는 부분을 초과하는 금액

④ 근로자파견계약에 따라 파견사업주로부터 근로자를 파견받아 용역을 제공받는 법인이 동 계약 조건에 따라 파견근로자에게 직접 지급하는 복리후생비 및 성과급은 인력공급에 대한 용역의 대가에 포함하는 것이나, 별도의 약정없이 지급의무없는 복리후생비 등을 법인이 임의로 파견근로자에게 지급하는 경우에는 법인세법 제25조의 규정에 의한 접대비로 보는 것이다.

 **관련법령**

법통 19-19…7

법통 19-19…36

법인 예규(서이 46012-11136, 2002.5.30)

교육훈련비

판매비와관리비 < 손익계산서

교육훈련비

회사의 업무와 관련하여 임직원에 대한 교육, 훈련을 실시하기 위하여 부담하는 비용을 말한다.

분개사례

① 교육비를 지급하는 경우

경리직원의 학원 수강료 보조금으로 50,000원을 통장에서 이체시키고 계산서를 수취하다.

[차변] 교육훈련비	50,000	[대변] 보통예금	50,000

더존프로 그램입력
- 재무회계 > 전표입력/장부 > 매입매출전표입력
- 유형(매입:면세) > 품명(학원보조금) > 공급가액 > 거래처 > 분개(혼합)
- 차변(교육훈련비) > 대변(보통예금) > 적요변경 > 거래처(보통예금코드)

② 외부에서 강사 초청하여 교육하는 경우

흥부세무사를 초청하여 세무교육을 시킨 후 강사료 1,000,000원 중에서 44,000원을 제외한 956,000원을 현금으로 지급하다.

[차변] 교육훈련비	1,000,000	[대변] 현금	956,000
		예수금	44,000

더존프로그램입력
- 재무회계 > 전표입력/장부 > 일반전표입력
- 대체차변 > 교육훈련비 > 금액 > 현재적요
- 대체대변 > 현금, 예수금 > 금액 > 현재적요

세무회계 유의사항

① 고용관계 없이 외부에서 초청된 강사에게 지급하는 강사료는 기타소득 또는 사업소득으로 원천징수하고 지급한다.

② 사내의 임·직원을 강사로 한 경우 강사료 지급시 근로소득으로 원천징수하여야 한다.

③ 구조조정에 따라 퇴직하는 근로자가 회사의 사규에 의해 퇴직한 후에 일정기간(통상 6월 이내)동안 당해 회사로부터 창업 또는 전직을 위한 교육훈련을 받고 그 비용을 지급받는 경우, 그 교육훈련비는 퇴직위로금 등으로서 당해 근로자의 근로소득에 해당하는 것이며, 그 수입시기는 동 교육훈련비를 지급받거나 지급받기로 한 날로 하는 것이다. 이 경우, 그 교육훈련비는 당해 내국법인의 각 사업연도의 소득금액 계산시 손금으로 한다.

관련법령

법인 예규(서이 46013-11196, 2002.6.12)

여비교통비

판매비와관리비 < 손익계산서

여비교통비

여비는 임직원이 업무수행을 위해 시외 등으로 출장가는 경우에 여비지급
규정에 의하여 지급되는 국내 및 국외출장비 등을 말하며, 교통비는 시내로
출장가는 경우에 지급되는 비용을 말한다.

분개사례

① 출장 후 출장여비를 정산하는 경우

영업사원에게 출장 가지급금 500,000원에 대하여 출장 후 정산하면서 50,000
원은 회수하다(교통비 200,000원, 숙박비 200,000원, 식대 50,000원).

[차변] 여비교통비	400,000	[대변] 가지급금	500,000
복리후생비	50,000		
현금	50,000		

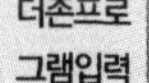

- 재무회계 > 전표입력/장부 > 일반전표입력
- 대체차변 > 여비교통비, 복리후생비, 현금 > 금액 > 현재적요
- 대체대변 > 가지급금 > 금액 > 현재적요

② 교통비를 지급하는 경우

경리부장에게 택시요금(야근교통비) 30,000원을 현금으로 지급하다.

[차변] 여비교통비　　　　30,000　[대변] 현금　　　　　　30,000

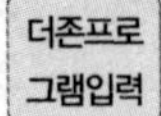

- 재무회계 > 전표입력/장부 > 일반전표입력
- 출금 > 여비교통비 > 금액 > 현재적요

📚 세무회계 유의사항

① 업무와 관련한 출장시 지출한 비용에 대하여 객관적으로 경비를 지출하였음을 확인할 수 있는 정규영수증을 수취·보관하여야 하며, 불가피하게 증빙을 수취할 수 없는 경우로서 시내버스요금, 택시비용과 같은 비용은 회사내부의 품의서 등 근거서류에 의하여 인정받을 수 있다.

② 해외출장비의 경우에는 적격증빙수취 대상이 아니므로 현지에서 사용한 영수증 등으로 증빙을 구비해 두면 된다.

③ 여비교통비에 대한 한도규정은 세법상 규정된 바 없으나, 원칙적으로 사용인에게 여비교통비를 지출하는 경우 실제 지출한 금액을 손금으로 산입하고 관련 증빙을 수취하여 보관하여야 하는 것이며, 만약 실비로 지출하는 경우가 아닌 경우로서 내부적으로 실비변상정도의 금액에 대한 객관적인 기준을 마련하여 이에 따라 여비를 지출하는 경우에는 그 기준에 따라 지급하는 금액이 사회통념상 타당하다고 인정되는 범위내의 금액은 손금산입이 가능하다.

📚 관련법령

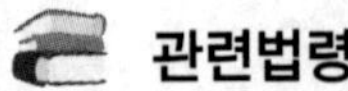

법인세법 제19조

 통신비

판매비와관리비 < 손익계산서

📚 통신비

전화료, 인터넷 사용요금 등 의사교환을 위하여 지출한 각종 비용과 그 유지비용을 총괄하는 계정과목이다.

📚 분개사례

① 인터넷사용료를 지급하는 경우

인터넷사용료 110,000원(부가세 포함)을 현금 지급하다.

[차변] 통신비	100,000	[대변] 현금	110,000
부가세대급금	10,000		

더존프로 그램입력
- 재무회계 > 전표입력/장부 > 매입매출전표입력
- 유형(매입:과세) > 품명(인터넷사용료) > 공급가액 > 거래처 > 분개(현금)
- 출금(통신비)

② 이동전화요금이 통장에서 이체되는 경우

보통예금통장에서 이동전화요금 110,000원(부가세 포함)이 자동이체되다.

[차변] 통신비	100,000	[대변] 보통예금	110,000
부가세대급금	10,000		

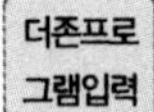

- 재무회계 > 전표입력/장부 > 매입매출전표입력
- 유형(매입:과세) > 품명(이동전화4682) > 공급가액 > 거래처 > 분개(혼합)
- 차변(통신비) > 대변(보통예금) > 적요변경 > 거래처(보통예금코드)

 ## 세무회계 유의사항

① 부가가치세 신고·납부시 통신비의 과세기간은 고지서 등의 작성연월일이 속하는 과세기간으로 한다.

② 개인사업자가 사업주 개인 명의로 가입한 휴대폰을 업무와 관련하여 사용하고 지급하는 휴대폰사용료는 필요경비에 산입할 수 있는 것이다.

③ 법인이 영업담당직원이 소유하고 있는 휴대폰을 법인의 업무에 사용하도록 하고 사용료 납부통지서상의 금액 전액을 법인이 부담하는 경우에 업무수행상 통상 필요하다고 인정되는 부분은 손금에 산입하는 것이나, 그 초과부분은 당해 직원에 대한 급여로 하여 손비처리하는 것이다.

관련법령

소득 예규(소득 46011-508, 2004.4.28)
법인 예규(법인 46012-3523, 1996.12.18)

소모품비

판매비와관리비 < 손익계산서

소모품비

사무용품 외의 회사의 소모품 구입을 위한 지출을 처리하는 계정과목이다.

분개사례

① 상용소프트웨어를 구입하는 경우

Office 프로그램을 770,000원(부가세 포함)에 현금으로 구입하다.

[차변] 소모품비	700,000	[대변] 현금	770,000
부가세대급금	70,000		

더존프로그램입력
- 재무회계 > 전표입력/장부 > 매입매출전표입력
- 유형(매입:과세) > 품명(Office 프로그램) > 공급가액 > 분개(현금)
- 출금(소모품비)

② 상품을 소모품으로 사용하는 경우

(주)흥부로부터 구입한 250,000원 상당의 갑상품을 당사의 소모품으로 사용하다.

[차변] 소모품비	250,000	[대변] 상품(또는 매입)	250,000

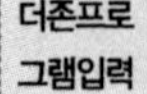

- 재무회계 > 전표입력/장부 > 일반전표입력
- 대체차변 > 소모품비 > 금액 > 현재적요
- 대체대변 > 상품 > 금액 > 현재적요

세무회계 유의사항

① 소모품 관리대장을 작성하여 관리한다.

② 결산시점에 사용되지 않은 소모품의 금액이 크고 중요하다면 소모품의 자산계정으로 대체시켜야 한다.

③ 건당 거래금액이 5만원을 초과하는 경우에는 정규영수증(세금계산서, 계산서, 신용카드매출전표, 현금영수증)을 수취하여야 한다.

 임차료

판매비와관리비 < 손익계산서

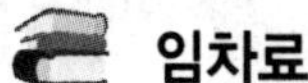 임차료

토지, 건물, 차량운반구 등을 임차하여 발생하는 비용을 말한다.

분개사례

① 임차료를 보통예금에서 이체시키는 경우

7월분 임차료 1,100,000원(부가세 포함)을 송금 이체하다.

[차변] 임차료	1,000,000	[대변] 보통예금	1,100,000
부가세대급금	100,000		

더존프로 그램입력
- 재무회계 > 전표입력/장부 > 매입매출전표입력
- 유형(매입:과세) > 품명(임차료) > 공급가액 > 거래처 > 분개(혼합)
- 차변(임차료(지급임차료)) > 대변(보통예금) > 적요변경 > 거래처(보통예금코드)

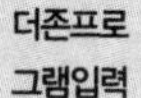 세무회계 유의사항

① 임차료를 선지급 또는 미지급한 경우에는 결산시에 기간계산하여 「선급비용」 또는 「미지급금」계정으로 대체시켜야 한다.

② 건당 거래금액이 5만원을 초과하는 경우 정규영수증을 수취하여야 하지

만, 간이과세자인 부동산임대업자로부터 주택을 제외한 부동산 임대용
역을 제공받는 경우 은행송금명세서를 구비하면 정규영수증을 수취하지
않아도 된다.

③ 법인이 특수관계자인 대표이사의 토지를 저가로 임차하여 사용하였으
나, 저가임대료 상당액에 대하여 소득세법 제41조의 부당행위계산부인
규정에 의하여 대표이사에게 소득세가 과세됨에 따라 당해 법인이 동
저가임대료 상당액을 대표이사에게 소급하여 지급한 경우, 당초 임대료
를 정산한다는 약정없이 추가로 지급한 당해 임대료는 각 사업연도 소
득금액 계산상 손금에 산입할 수 없는 것이다.

④ 부동산임대차계약서상 임차료의 지급이 지연되는 경우 연체료를 받기로
약정한 후 임차료 지급을 요구하는 소송을 제기하여 판결에 의하여 미
불임차료와 동 임차료에 대한 연체료를 지급할 보증금과 상계하는 경우
당해 연체료는 소득세법 제21조 제1항 제10호에 규정된 기타소득에 해
당하는 것이며, 그 수입시기는 소득세법시행령 제50조 제1항의 규정에
의하여 그 지급을 받은 날(보증금과 상계한 날)로 하는 것이다.

⑤ 거주자가 사업과 관련하여 임차건물에 설치한 업무용 시설물을 임대차
계약의 해지로 인하여 당초 임대차계약 내용에 따라 원상회복을 위한
방법으로 철거한 경우 소득세법시행령 제67조 제6항의 규정에 의거 당
해 시설물의 장부가액과 처분가액의 차액을 당해연도의 필요경비에 산
입할 수 있는 것이다.

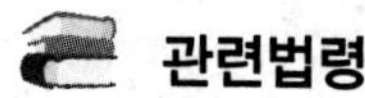 **관련법령**

소득세법 시행령 55조

법인 예규(서면인터넷방송 상담2팀-733, 2004.4.8)

소득 예규(서일 46011-10088, 2003.1.23)

소득 예규(서일 46011-10015, 2001.8.24)

접대비

판매비와관리비 < 손익계산서

📚 접대비

사업자가 거래처(매출처, 매입처 등)등 관계있는 자에게 업무와 관련하여 접대, 향응, 위안, 선물을 제공하기 위하여 지출하는 비용을 말한다.

📚 분개사례

① 거래처 접대용 상품권을 카드로 구입하는 경우

거래처에 주기 위하여 상품권 1,000,000원을 카드로 구입하다.

[차변] 접대비	1,000,000	[대변] 미지급금	1,000,000

더존프로 그램입력
- 재무회계 > 전표입력/장부 > 일반전표입력
- 대체차변 > 접대비 > 금액 > 현재적요
- 대체대변 > 미지급금 > 거래처코드 > 금액 > 현재적요

② 카드대금이 결제되는 경우

상기의 카드대금이 결제일에 통장에서 자동이체된다.

[차변] 미지급금	1,000,000	[대변] 보통예금	1,000,000

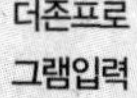

더존프로
그램입력

- 재무회계 > 전표입력/장부 > 일반전표입력
- 대체차변 > 미지급금 > 거래처코드 > 금액 > 현재적요
- 대체대변 > 보통예금 > 거래처코드 > 금액 > 현재적요

세무회계 유의사항

① 주주총회를 개최하기 위하여 필요한 비용은 「회의비」계정으로 계상하고, 주주 개개인에게 지급한 선물 등은 「접대비」계정으로 계상한다.

② 세법에서 접대비에 대한 한도금액을 규정하고 있으므로 하반기에는 연간 접대비 지출액을 추산하여 세무상 손금불산입되지 않도록 주의한다.

③ 부가가치세법상 접대비 관련 매입세액은 공제되지 않는다.

④ 접대비의 손금부인 형태

	건당 5만원 이하 접대비	건당 5만원 초과 접대비
정규영수증 미수취	한도초과액 손금불산입	무조건 손금불산입
정규영수증 수취		한도초과액 손금불산입

⑤ 접대비 한도액

1,200만원(중소기업은 1,800만원)×사업연도월수/12+수입금액×일정율*

* 수입금액
  100억 이하 : 2/1,000
  100억 초과 500억 이하 : 1/1,000
  500억 초과 : 3/10,000

⑥ 법인이 접대를 위하여 건당 5만원을 초과하는 상품권을 구입하는 경우 신용카드매출전표를 수취하지 않으면 세무상 비용으로 인정되지 않는다.

⑦ 모든 고객을 대상으로 사전약정에 의하여 무상수리서비스를 제공하는 경우에는 이를 접대비로 보지 아니하는 것이나, 특정고객을 대상으로 지급받아야 할 수리비에 대한 채권을 포기하는 경우라면 이는 접대비로 본다.

⑧ 대리점을 통하여 제품을 판매하는 법인이 거래처 확보를 위하여 새로이 대리점 계약을 체결하는 불특정다수의 모든 거래처(이하 "신규대리점"이라 함)에 대하여 제품가격의 일정률에 상당하는 금액을 일정기간동안 할인하여 공급하기로 사전에 약정한 경우, 동 약정에 따라 신규대리점에게 할인판매하는 금액이 건전한 사회통념과 상관행 등에 비추어 정상적인 거래라고 인정되는 경우에는 법인세법 제25조 제5항에서 규정하는 접대비에 해당하지 아니하는 것이다.

⑨ 법인세법시행령 제41조 제6항의 규정을 적용함에 있어서 여신전문금융업법에 의한 신용카드에 법인의 명의와 당해 법인의 사용인 명의가 함께 기재되고 신용카드이용에 따른 대금의 상환이 일차적으로 사용인 개인 계좌에서 결제되나, 최종적으로 해당 법인이 연대하여 책임지는 형태로 발급된 신용카드의 경우 같은 규정에 의한 "당해 법인의 명의로 발급받은 신용카드"로 보는 것이다.

관련법령

법인세법 제25조

법인 예규(서이 46012-10543, 2003.3.18)

법인 예규(법인 46012-2098, 2002.10.12)

감가상각비

판매비와관리비 < 손익계산서

 감가상각비

유형자산은 사용에 의한 소모, 시간의 경과와 기술의 변화에 따른 진부화 등에 의해 경제적 효익이 감소된다. 이런 경제적 효익의 소멸을 반영할 수 있는 것이 감가상각이다. 따라서, 감가상각은 유형자산의 원가 배분과정이라고 할 수 있다.

 분개사례

① 결산일에 감가상각비를 계상하는 경우

20,000,000원에 구입한 트럭에 대해서 결산일에 감가상각비 4,000,000원을 계상하다.

[차변] 감가상각비	4,000,000	[대변] 감가상각누계액	4,000,000

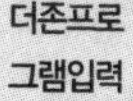

더존프로그램입력

- 재무회계 > 전표입력/장부 > 일반전표입력
- 대체차변 > 감가상각비 > 거래처명 > 금액 > 현재적요
- 대체대변 > 감가상각누계액(차량운반구의 차감계정) > 거래처명 > 금액 > 현재적요

 세무회계 유의사항

① 감가상각의 계산요소

- 취득가액 : 매입가액에 부대비용을 가산한 금액이다.
- 내용연수 : 유형자산의 물리적인 수명을 의미하지만, 감가상각계산에 있어서의 내용연수는 상각가능기간을 말한다.
- 잔존가액 : 유형자산의 내용연수가 전부 경과되어 본래의 목적으로 사용할 수 없게 되었을 때 남아있는 가치를 말한다.

② 감가상각방법

정액법	매기 일정한 금액을 상각하는 것으로 유형자산의 취득가액을 내용연수 동안 균등하게 할당하여 상각하는 방법
	감가상각비 = 취득가액/내용연수
정률법	유형자산의 장부가액(취득가액에서 감가상각누계액을 차감한 금액)에 일정한 상각률을 곱하여 각 연도의 감가상각비를 계산하는 방법
	감가상각비 = (취득가액－감가상각누계액)×상각률

③ 정액법의 경우에는 매년 감가상각비가 동일하고, 정율법의 경우에는 초기에 감가상각비의 금액이 크고 갈수록 적어진다.

④ 감가상각비는 결산조정사항이므로 결산시 장부에 반영하여야 한도 내에서 손금으로 인정한다.

④ 세무상 감가상각방법

유형자산의 종류	신고시	무신고시
건축물	정액법	정액법
건축물외의 유형고정자산	정액법 또는 정율법	정율법

⑤ 감가상각방법의 신고 : 자산을 취득한 날이 속하는 사업연도의 법인세 과세표준신고기한까지 감가상각방법신고서를 관할세무서장에게 제출하여야 한다. 신고를 하지 않은 경우에는 무신고시의 방법으로 한도 계산한다.

⑥ 감가상각방법의 변경 : 감가상각방법의 변경요건에 해당하여 변경할 상각방법을 적용받고자 하는 사업연도의 종료일 이전 3월이 되는 날까지 감가상각방법변경신청서를 관할세무서장에게 제출하여야 한다.

⑦ 즉시상각의 의제 : 유형자산의 취득금액과 자본적지출 해당액을 손금으로 계상한 경우 손금으로 부인하지 않고 감가상각한 것으로 보아 한도 계산을 한다. 그 예를 보면 다음과 같다.

- 건물·차량운반구의 취득세, 등록세를 세금과공과로 계상한 경우
- 건물·기계장치 등에 대한 자본적지출액을 수선비로 계상한 경우

⑧ 거주자가 사업과 관련하여 임차건물에 설치한 업무용 시설물을 임대차계약의 해지로 인하여 당초 임대차계약 내용에 따라 원상회복을 위한 방법으로 철거한 경우 소득세법시행령 제67조 제6항의 규정에 의거 당해 시설물의 장부가액과 처분가액의 차액을 당해연도의 필요경비에 산입할 수 있는 것이다.

관련법령

법인세법 시행령 제26조
법인세법 시행령 제31조
소득 예규(서일 46011-10015, 2001.8.24)

무형자산상각비

판매비와관리비 < 손익계산서

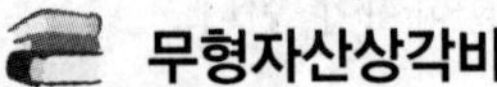 무형자산상각비

무형자산의 지출액을 지출하는 연도에 자산으로 계상하였다가 그 효익이 발생되는 기간에 걸쳐 비용을 인식하기 위한 것이 「무형자산상각비」계정이다.

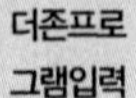 분개사례

① 유상으로 취득한 영업권을 상각하는 경우

(주)흥부를 인수하면서 계상한 영업권 10,000,000원에 대하여 결산일에 5년간 균등상각하다.

[차변] 무형자산상각비	2,000,000	[대변] 영업권	2,000,000

더존프로 그램입력
- 재무회계 > 전표입력/장부 > 일반전표입력
- 대체차변 > 무형자산상각비(무형고정자산상각) > 금액 > 현재적요
- 대체대변 > 영업권 > 금액 > 현재적요

② 자산계상한 개발비를 비용으로 대체시키는 경우

결산일에 자산계상한 개발비에 대하여 2,000,000원을 상각하다.

[차변] 무형자산상각비	2,000,000	[대변] 개발비	2,000,000

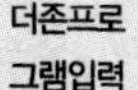

- 재무회계 > 전표입력/장부 > 일반전표입력
- 대체차변 > 무형자산상각비(무형고정자산상각) > 금액 > 현재적요
- 대체대변 > 개발비 > 금액 > 현재적요

 세무회계 유의사항

① 무형자산의 상각법은 직접상각법이므로 대변에 무형자산의 계정과목을 계상한다.

② 기업회계상으로는 20년 이내의 기간동안 균등상각하고, 정액법 또는 생산량비례법을 적용한다.

③ 무형자산의 상각내용연수 : 세무상으로는 상각내용연수 이내의 기간동안 균등상각한다.

내용연수	무형고정자산
5년	영업권, 의장권, 실용신안권, 상표권
10년	특허권, 어업권, 해저광물자원개발법에 의한 채취권(생산량비례법 선택 적용), 유료도로관리권, 수리권, 전기가스공급시설이용권, 공업용수도시설이용권, 수도시설이용권, 열공급시설이용권
20년	광업권(생산량비례법 선택 적용), 전신전화전용시설이용권, 전용측선이용권, 하수종말처리장시설관리권, 수도시설관리권
50년	댐사용권

 관련법령

법인세법 시행규칙 제15조 제2항

세금과공과

판매비와관리비 < 손익계산서

세금과공과

회사가 부담하는 세금, 공과금, 벌금·과료의 지출시 처리하는 계정과목이다.

분개사례

① 국민연금을 고지서에 의해 납부하는 경우

국민연금관리공단에서 발송된 4월분 국민연금 228,600원(근로자부담분 114,300원, 회사부담분 114,300원)을 고지서에 의해 납부하다.

[차변] 예수금	114,300	[대변] 현금	228,600
세금과공과	114,300		

더존프로 그램입력	• 재무회계 > 전표입력/장부 > 일반전표입력 • 출금 > 예수금, 세금과공과 > 금액 > 현재적요

② 사업소세를 납부하는 경우

사업소세 100,000원을 현금으로 납부하다.

[차변] 세금과공과	100,000	[대변] 현금	100,000

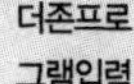

- 재무회계 > 전표입력/장부 > 일반전표입력
- 출금 > 세금과공과 > 금액 > 현재적요

 세무회계 유의사항

① 세금과공과의 구분

세금	조세법에 의한 국세, 지방세
공과금	국가, 지방자치단체, 공익단체 등의 공공기관에서 공공지출에 충당하기 위해 징수하는 부과금
벌금·과료	행정상의 의무불이행에 대한 제재

② 법인세·주민세·농특세는 판매비와관리비 계정이 아닌 별도의 법인세 등의 계정과목으로 계상한다.

③ 자산 취득시 지출되는 취득세·등록세 등은 해당 자산의 취득원가로 계상하여야 한다.

④ 세무상 세금과공과의 처리

비용 계상되는 세금과공과	사업소세, 재산세, 법인균등할주민세, 면허세, 인지세, 자동차세, 도로교통부담금, 교통유발부담금 등
자산 계상되는 세금과공과	취득세, 등록세, 교육세, 농특세 등
비용으로 인정되지 않는 세금과공과	법인세, 소득세, 소득할주민세, 과태료, 가산세, 교통사고 벌과금 등

⑤ 사업소세는 고지서 납부가 아닌 자진신고·납부해야 하므로 신고서와 납부서를 잘 보관한다.

⑥ 법인세법시행령 제25조 제2항 각호에 규정하는 조합 또는 협회에 회원으로 가입하면서 동 조합 또는 협회의 정관의 규정에 의하여 반환받을 수 없는 입회비를 납부하는 경우 동 금액은 공과금에 해당하는 것이나, 특정사업의 면허를 취득하기 위하여 지출하는 경우에는 이를 영업권으로 보는 것이다.

 관련법령

법인 예규(법인 46012-1209, 1996.4.19)

보충자료	사업소세

사업소세는 종업원할 사업소세와 재산할 사업소세로 구분된다.
1. 종업원할 사업소세 : 종업원수가 50인을 초과하는 경우 종업원에게 지급한 총월급여액의 0.5%에 해당하는 세액을 다음달 10일까지 매월 신고·납부한다.
2. 재산할 사업소세 : 7월 1일을 기준으로 330㎡를 초과하는 사업소는 7월 10일까지 면적당 250원에 상당하는 세액을 신고·납부한다.

광고선전비

판매비와관리비 < 손익계산서

📚 광고선전비

불특정다수인에게 자사의 제품이나 이미지를 알리기 위하여 지출하는 비용을 처리하는 계정과목이다.

📚 분개사례

① 신문에 광고를 내는 경우

신상품 광고를 신문에 내고 광고비 1,100,000원(부가세 포함)을 현금으로 지급하다.

[차변] 광고선전비	1,000,000	[대변] 현금		1,100,000
부가세대급금	100,000			

더존프로 그램입력
- 재무회계 > 전표입력/장부 > 매입매출전표입력
- 유형(매입:과세) > 품명(신문광고비) > 공급가액 > 거래처 > 분개(현금)
- 출금(광고선전비)

② 달력 제작비를 지급하는 경우

달력 제작비 1,000,000원(부가세 포함)을 현금으로 지급하다.

> [차변] 광고선전비   1,000,000   [대변] 현금   1,100,000
>   부가세대급금   100,000

더존프로 그램입력
- 재무회계 > 전표입력/장부 > 매입매출전표입력
- 유형(매입:과세) > 품명(달력 제작비) > 공급가액 > 거래처 > 분개(현금)
- 출금(광고선전비)

세무회계 유의사항

① 지출된 비용의 성격이 접대비, 판매장려금, 판매부대비용, 광고선전비 중 어디에 해당되는지 명확히 구분하여 회계처리한다.

② 사업자가 판매촉진을 위하여 광고 선전을 목적으로 고객에게 회사의 상호, 로고, 전화번호 등이 인쇄된 견본품 및 수첩 등의 소모품을 무상으로 제공하는 경우에는 그 사은품 등은 사업과 관련한 광고선전비에 해당한다.

③ 소비성서비스업의 경우에는 광고선전비의 한도액이 있지만, 그 외의 경우에는 한도없이 전액 광고선전비로 인정한다.

④ 일반소비자용 제품을 제조하는 법인이 자사제품만을 전담 판매하는 모든 대리점과 사전약정을 체결하여 당해 대리점으로 하여금 제품 카다로 그 제작배부, 신문, 전단, TV, 도우미를 이용하여 제품에 대한 광고활동 등을 하게 하고 그 비용의 일부를 부담하는 경우로서 사회통념상 적정하다고 인정되는 범위내의 부담액은 이를 광고선전비 또는 판매촉진비로 보는 것이나 단순히 대리점의 경비지원 목적으로 판촉비의 일정액을 지원하는 경우에는 이를 접대비로 보는 것이다.

관련법령

법인 예규(법인 46012-2084, 1998.7.25)

연구비

판매비와관리비 < 손익계산서

연구비

연구활동을 위하여 지출된 인건비, 재료비 등을 처리하는 계정과목이다.

분개사례

① 연구개발 재료비를 지급하는 경우

연구개발을 위한 재료비 7,700,000원을 보통예금에서 이체하다.

[차변] 연구비	7,000,000	[대변] 보통예금	7,700,000
부가세대급금	700,000		

더존프로 그램입력
- 재무회계 > 전표입력/장부 > 매입매출전표
- 유형(매입:과세) > 품명(연구개발재료비) > 공급가액 > 거래처 > 분개(혼합)
- 차변(연구비) > 대변(보통예금) > 적요변경 > 거래처(보통예금코드)

세무회계 유의사항

① 연구란 새로운 과학적, 기술적 지식이나 이해를 얻기 위한 독창적이고
계획적인 조사활동을 말한다.

② 연구용 재료 등의 구입이라면 세금계산서 등을 수취하고, 인건비 명목이

라면 사업소득 또는 기타소득으로 원천징수한다.

③ 특정제품과 연관되지 않은 연구개발비는 「연구비」계정으로 계상하고, 특정제품과 연관된 연구개발비로서 무형자산의 자산 계상요건에 해당하는 경우에는 무형자산의 「개발비」로 계상한다.

④ 대학이 연구용역의 주체가 되어 연구용역 계약을 체결하고 연구비를 수령한 후 교수 등에게 연구비를 선급금 형태로 지급하고 사후 정산을 받는 경우로서, 연구비집행 증빙의 보관·관리 및 연구비 집행에 대한 모든 책임을 대학이 지는 경우에는 중앙관리하는 것으로 보는 것이다. 이 경우 교수 또는 연구원 등이 연구목적의 고용관계없이 연구업무를 수행하고 대학으로부터 지급받는 연구비는 소득세법 제21조 제1항 제19호의 기타소득에 해당하는 것이나, 연구목적으로 고용된 연구원 등이 지급받는 대가는 근로소득에 해당하는 것이다.

📖 관련법령

법인 예규(법인 460123-1589, 1999.4.28)

경상개발비

판매비와관리비 < 손익계산서

경상개발비

신제품 또는 신기술 개발과 관련하여 지출하는 비용 중 경상적으로 지출하는 비용 중 무형자산의 자산 계상요건을 충족하지 못하는 비용을 처리하는 계정과목이다.

분개사례

① 개발에 사용된 재료비를 지급하는 경우(자산성 없음)

개발에 사용된 재료비 7,700,000원(부가세 포함)을(자산성이 없다) 보통예금에서 지급하다.

[차변] 경상개발비	7,000,000	[대변] 보통예금	7,700,000
부가세대급금	700,000		

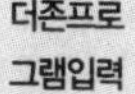

- 재무회계 > 전표입력/장부 > 매입매출전표입력
- 유형(매입:과세) > 품명(경상개발재료비) > 공급가액 > 거래처 > 분개(혼합)
- 차변(경상개발비) > 대변(보통예금) > 적요변경 > 거래처(보통예금코드)

 세무회계 유의사항

① 개발비 재료 등의 구입인 경우에는 세금계산서 등을 수취하고, 인건비 등인 경우에는 사업소득 또는 기타소득으로 원천징수한다.

② 개발활동과 관련된 재료비, 용역비 등이 자산계상요건에 해당하면 자산인 「개발비」계정으로, 자산성이 없으면 판매비와관리비인 「경상개발비」계정으로 계상한다.

대손상각비

판매비와관리비 < 손익계산서

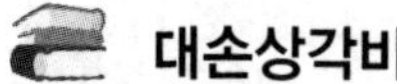 대손상각비

채권은 기한이 되면 당연히 회수되어야 하지만, 매입처의 부도나 파산 등으로 받지 못하게 되는 경우가 있는데, 이를 '대손'이라 한다. 따라서, 장래의 대손가능한 금액을 추산하여 당기 비용으로 인식함에 동시에 채권의 평가계정인 대손충당금을 계상하여 채권의 순실현가치를 나타내 주는 계정이 대손상각비이다.

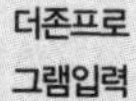 분개사례

① 결산일에 대손을 추정하여 충당금을 계상하는 경우

결산일에 외상매출금에 대하여 1,800,000원의 대손을 예상하다(대손충당금 잔액은 800,000원이다).

[차변] 대손상각비	1,000,000	[대변] 대손충당금	1,000,000

더존프로 그램입력	• 재무회계 > 전표입력/장부 > 일반전표입력 • 대체차변 > 대손상각비 > 금액 > 현재적요 • 대체대변 > 대손충당금 > 금액 > 현재적요

② 결산일에 대손을 추정하여 환입하는 경우

결산일에 외상매출금 잔액에 대하여 추정한 대손예상액은 1,000,000원이다(대손충당금 잔액은 1,200,000원이다).

[차변] 대손충당금	200,000	[대변] 대손충당금환입	200,000

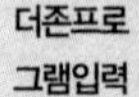

- 재무회계 > 전표입력/장부 > 일반전표입력
- 대체차변 > 대손충당금 > 금액 > 현재적요
- 대체대변 > 대손충당금환입 > 금액 > 현재적요

③ 기중에 대손이 확정되는 경우

기중에 외상매출금 2,000,000원의 대손이 확정되다. 대손충당금으로 1,500,000원이 계상되어 있다.

[차변] 대손충당금	1,500,000	[대변] 외상매출금	2,000,000
대손상각비	500,000		

- 재무회계 > 전표입력/장부 > 일반전표입력
- 대체차변 > 대손충당금, 대손상각비 > 금액 > 현재적요
- 대체대변 > 외상매출금 > 거래처코드 > 금액 > 현재적요

④ 대손처리한 외상매출금이 회수되는 경우

대손처리한 외상매출금 중 500,000원을 보통예금으로 회수받다.

[차변] 보통예금	500,000	[대변] 대손충당금	500,000

- 재무회계 > 전표입력/장부 > 일반전표입력
- 대체차변 > 보통예금 > 거래처코드 > 금액 > 현재적요
- 대체대변 > 대손충당금 > 금액 > 현재적요

 **세무회계 유의사항**

① 대손충당금 설정대상채권은 기업이 가지고 있는 모든 금전채권을 말한다. 따라서, 외상매출금, 받을어음, 대여금, 미수금, 미수수익 등이 해당된다. 이 중 매출채권에 대한 대손상각비는 판매비와관리비에 해당되고, 기타의 대손상각비는 영업외비용으로 처리한다.

② 대손충당금 설정제외채권은 가지급금, 할인어음, 배서어음, 채무보증으로 인한 구상채권, 부당행위로 인한 채권, 개인기업의 대여금 등이다.

③ 대손충당금의 계상은 기말 결산시에 처리하고, 대손율은 객관적이고 합리적인 기준에 따라 설정하면 되지만, 세무상 한도가 있으므로 통상 세법의 기준을 적용하는 경우가 많다.

④ 법인세법상 대손율

다 음 중 큰 율
① 1%
② 당해 사업연도의 대손금/직전사업연도 종료일 현재의 채권잔액

⑤ 법인세법상 대손금의 범위

- 부도발생일로부터 6월 이상 경과한 수표 또는 어음상의 채권 및 외상매출금(채권자가 중소기업인 경우로서 부도발생일 이전의 것에 한함) : 부도발생일부터 6월 이상 경과한 날부터 소멸시효가 완성되는 날까지 손금산입이 가능하고, 반드시 장부에 계상하여야 인정받을 수 있다.
- 소멸시효가 완성된 채권 : 당해 기간만 손금 인정되며, 장부에 계상하지 않은 경우 신고조정으로 인정받을 수 있다.

⑥ 부가가치세법상 대손세액공제

- 부도수표·어음의 경우 부도발생일로부터 6월이 된 날이 속하는 과세기간의 확정신고시에만 대손세액공제를 받을 수 있다.
- 대손세액공제액은 대손금액의 10/110이다.
- 첨부서류는 당초 매출세금계산서 사본, 대손세액공제신청서, 부도수표·어음의 사본이다.

⑦ 특수관계자와의 거래에서 발생한 채권으로서 채무자의 부도발생 등으로 장래에 회수가 불확실한 채권을 조기 회수하기 위해 채권자협의회의 결정에 따라 채권의 일부를 포기하는 경우에도 동 채권포기액은 대손금으로 손금산입할 수 없는 것이다.

⑧ 법인이 채무자의 재산에 저당권을 설정하고 있는 경우에도 거래처로부터 받은 어음이 부도발생일로부터 6월이 경과하고, 동 부도어음의 금액이 저당권에 의하여 담보된 채권최고액을 초과하는 경우에는 그 초과금액을 법인세법시행령 제62조 제1항 제9호의 규정에 따라 대손처리할 수 있는 것이다.

관련법령

법인 예규(서이 46012-11289, 2003.7.8)
법인 예규(법인 46012-1421, 1999.4.15)

사무용품비

판매비와관리비 < 손익계산서

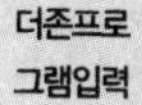 사무용품비

사무처리를 위하여 구입된 물품 대금을 처리하는 계정과목이다.

분개사례

① 복사용지를 구입하면서 현금을 지급하는 경우

복사용지 55,000원(부가세 포함)을 현금으로 구입하다.

[차변] 사무용품비	50,000	[대변] 현금	55,000
부가세대급금	5,000		

더존프로 그램입력
- 재무회계 > 전표입력/장부 > 매입매출전표입력
- 유형(매입:과세) > 품명(복사용지) > 공급가액 > 거래처 > 분개(현금)
- 출금(사무용품비)

세무회계 유의사항

① 다른 비품의 원활한 작동 또는 유지를 위하여 사용되는 「소모품」계정과 구분한다.

② 건당 5만원을 초과하는 경우에는 정규영수증(세금계산서, 계산서, 신용

카드매출전표, 현금영수증)을 수취한다.

③ 취득가액이 100만원 이하인 감가상각자산을 비용으로 처리한 경우 감가
상각한 것으로 보아 세무조정을 하여야 한다.

도서인쇄비

판매비와관리비 < 손익계산서

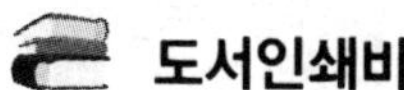 도서인쇄비

회사의 업무와 관련된 도서 구입비용 또는 인쇄대금 등을 처리하는 계정 과목이다.

분개사례

① 명함인쇄비를 지급하는 경우

명함인쇄비로 110,000원(부가세 포함)을 현금 지급하다.

[차변] 도서인쇄비	100,000	[대변] 현금	110,000
부가세대급금	10,000		

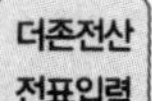

- 재무회계 > 전표입력/장부 > 매입매출전표입력
- 유형(매입:과세) > 품명(명함인쇄비) > 공급가액 > 거래처 > 분개(현금)
- 출금(도서인쇄비)

세무회계 유의사항

건당 5만원을 초과하는 경우에는 정규영수증(세금계산서, 계산서, 신용카드매출전표, 현금영수증)을 수취하여 보관한다.

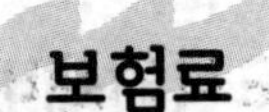

보험료

판매비와관리비 < 손익계산서

보험료

보험에 가입하여 지급하는 비용을 처리하는 계정과목으로서 만기 환급금
이 없는 소멸성 보험료만 계상한다.

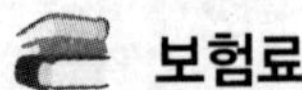

분개사례

① 산재보험료의 개산보험료를 신고하고 일시납부하는 경우

산재보험료의 개산보험료분 100,000원을 일시에 납부하다.

[차변] 보험료	100,000	[대변] 현금	100,000

더존프로 그램입력
- 재무회계 > 전표입력/장부 > 일반전표입력
- 출금 > 보험료 > 금액 > 현재적요

② 화재보험료를 현금으로 지급하는 경우

건물에 대한 화재보험료 50,000원을 현금으로 지급하다.

[차변] 보험료	50,000	[대변] 현금	50,000

더존프로 그램입력
- 재무회계 > 전표입력/장부 > 일반전표입력
- 출금 > 보험료 > 금액 > 현재적요

③ 차량 책임보험료를 현금으로 지급하는 경우

차량의 책임보험료 50,000원을 현금으로 지급하다.

| [차변] 보험료 | 50,000 | [대변] 현금 | 50,000 |

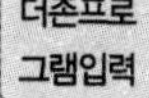

더존프로
그램입력
- 재무회계 > 전표입력/장부 > 일반전표입력
- 출금 > 보험료 > 금액 > 현재적요

📚 세무회계 유의사항

① 건물에 대한 「보험료」 계정이 공장인 경우에는 제조원가, 사무실인 경우에는 판매비와관리비의 계정으로 계상한다.

② 결산시 미경과보험료는 선급비용으로 자산 계상하여야 한다.

③ 임차건물의 경우 건물주가 보험계약자 및 피보험자로 되어 있고 보험료는 임차인이 부담하는 경우의 보험료는 「임차료」 계정으로 계상한다.

④ 금융·보험용역은 정규증빙서류 수취대상이 아니므로 세금계산서 등을 수취하지 않아도 된다.

⑤ 단체정기재해보험료의 처리
- 종업원을 피보험자와 수익자로 하고
- 만기에 환급되는 금액이 납입보험료를 초과하지 않고
- 종업원의 사망, 상해, 질병을 담보로 하는 단체정기재해보험료는 회사의 손금으로 인정된다.

단, 그 금액이 1인당 70만원을 초과하는 금액은 종업원의 급여로 보아 근로소득세가 과세된다. 또한 만기환급금도 종업원의 급여로 보아 환급받는 과세기간의 근로소득세로 과세된다.

 **관련법령**

법인세법 기본통칙 19-19…8

법인세법 기본통칙 19-19…10

차량유지비

판매비와관리비 < 손익계산서

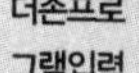 차량유지비

회사의 업무를 위하여 운행되는 차량의 유지·관리에 소요되는 비용을 처리하는 계정과목이다.

분개사례

① 차량에 휘발유를 주유하고 카드로 결제하는 경우

차량에 휘발유 50,000원을 주유하고 카드로 결제하다.

[차변] 차량유지비	50,000	[대변] 미지급금	50,000

더존프로 그램입력	• 재무회계 > 전표입력/장부 > 일반전표입력
	• 대체차변 > 차량유지비 > 금액 > 현재적요
	• 대체대변 > 미지급금 > 거래처코드 > 금액 > 현재적요

세무회계 유의사항

① 자기 소유의 차량으로 회사의 업무를 보는 경우 실비변상적인 성질의 급여로서 월 20만원 이내의 차량유지비는 근로소득 비과세이다.

② 부가세 매입세액공제대상인 차량이면 신용카드매출전표로 부가세 매입세액공제가 가능하다.

③ 비영업용소형승용자동차의 유지·관리비는 부가세 매입세액불공제사항이다.

판매수수료

판매비와관리비 < 손익계산서

 **판매수수료**

상품 · 제품의 판매와 관련하여 판매를 알선, 중개 등을 한 경우에 지급되는 비용을 처리하는 계정과목이다.

 **분개사례**

① 판매알선수수료를 지급하는 경우

판매를 주선한 (주)흥부에게 판매수수료로 1,100,000원(부가세 포함)을 통장에서 이체시키다.

[차변] 판매수수료	1,000,000	[대변] 보통예금	1,100,000
부가세대급금	100,000		

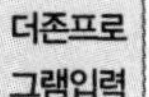

더존프로 그램입력	• 재무회계 > 전표입력/장부 > 매입매출전표입력 • 유형(매입:과세) > 품명(판매알선수수료) > 공급가액 > 거래처 > 분개(혼합) • 차변(판매수수료) > 대변(보통예금) > 적요변경 > 거래처(보통예금코드)

 **세무회계 유의사항**

① 임·직원에게 판매수수료를 지급하는 경우에는 「급여」계정으로 계상한다.

② 사업자등록이 되어 있지 아니한 개인이 제공하는 알선·중개용역에 대
해서는 사업소득 또는 기타소득으로 원천징수한다.

지급수수료

판매비와관리비 < 손익계산서

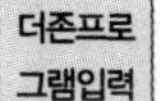

지급수수료

각종 용역의 제공을 받고 그에 대한 대가를 지급하는 경우에 처리하는 계정과목이다.

분개사례

① 로얄티를 통장에서 이체시키는 경우

로얄티 1,100,000원(부가세 포함)을 통장에서 이체시키고, 세금계산서를 교부받다.

[차변]	지급수수료	1,000,000	[대변]	보통예금	1,100,000
	부가세대급금	100,000			

더존프로 그램입력
- 재무회계 > 전표입력/장부 > 매입매출전표입력
- 유형(매입:과세) > 품명(로얄티) > 공급가액 > 거래처 > 분개(혼합)
- 차변(지급수수료) > 대변(보통예금) > 적요변경 > 거래처(보통예금코드)

② 컴퓨터 유지·보수비를 지급하는 경우

9월분 컴퓨터 유지·보수비 550,000원(부가세 포함)을 통장에서 이체시키다.

[차변] 지급수수료	500,000	[대변] 보통예금	550,000
부가세대급금	50,000		

> **더존프로그램입력**
> - 재무회계 > 전표입력/장부 > 매입매출전표입력
> - 유형(매입:과세) > 품명(컴퓨터유지보수비) > 공급가액 > 거래처 > 분개(혼합)
> - 차변(지급수수료) > 대변(보통예금) > 적요변경 > 거래처(보통예금코드)

📚 세무회계 유의사항

① 감정수수료, 도메인등록비용(금액이 미미함), 복사기유지 · 보수비, 송금수수료, 케이블설치수수료, 특허권사용료 등은 「지급수수료」계정으로 계상한다.

② 건당 5만원을 초과하는 경우에는 정규영수증(세금계산서, 계산서, 신용카드매출전표, 현금영수증)을 수취하여 보관한다.

 수선비

판매비와관리비 < 손익계산서

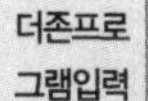 수선비

유형자산의 원상을 회복하거나 능률유지를 위한 지출에 소요되는 비용을 말한다. 자산의 내용연수를 증가시키거나 그 자산의 가치를 증가시키는 자본적 지출은 해당 자산으로 계상하여야 한다.

분개사례

① 파손된 유리를 교체하는 경우

파손된 건물유리 교체비 2,200,000원(부가세 포함)을 보통예금에서 이체해주고 세금계산서를 교부받다.

[차변] 수선비	2,000,000	[대변] 보통예금		2,200,000
부가세대급금	200,000			

더존프로 그램입력	• 재무회계 > 전표입력/장부 > 매입매출전표입력
	• 유형(매입:과세) > 품명(건물유리 교체) > 공급가액 > 거래처 > 분개(혼합)
	• 차변(수선비) > 대변(보통예금) > 적요변경 > 거래처(보통예금코드)

세무회계 유의사항

① 공장건물의 수선비는 제조원가로 계상한다.

② 자본적 지출에 해당하는 경우

- 본래의 용도를 변경하기 위한 개조
- 엘리베이터 또는 냉난방장치의 설치
- 빌딩 등에 있어서 피난시설 등의 설치
- 재해 등으로 인하여 멸실 또는 훼손되어 본래의 용도에 이용할 가치가 없는 건축물 기계설비 등의 복구
- 기타 개량·확장·증설 등의 경우

③ 수익적 지출에 해당하는 경우

- 개별 자산별로 지출한 수선비 금액이 300만원 미만인 경우
- 개별 자산별로 지출한 수선비 금액이 직전사업연도 종료일 현재 대차대조표상의 자산가액의 5%에 미달하는 경우
- 3년 미만의 기간마다 주기적인 수선을 위하여 지출하는 경우

④ 100만원 이하의 취득원가를 당기 비용으로 계상할 수 있는 경우 : 그 고유업무의 성질상 대량으로 보유하는 자산이거나 그 사업의 개시 또는 확장을 위하여 취득한 자산이 아닌 경우에는 거래 건별로 100만원 이하인 경우에 취득원가로 계상하지 않고 비용으로 계상할 수 있다.

⑤ 취득원가 전액을 비용으로 계상할 수 있는 경우 : 다음의 자산은 그 사업에 사용한 날이 속하는 사업연도의 손금으로 계상한 것에 한하여 전액 손금으로 인정한다.

- 어업에 사용되는 어구(어선용구를 포함)
- 영화필름, 공구(금형 포함), 가구, 전기기구, 가스기기, 가정용 기구비품, 시계, 시험기기, 측정기기 및 간판
- 대여사업용 비디오테이프 및 음악용 콤팩드디스트로서 개별자산의 취득가액이 30만원 미만인 것

외주비

판매비와관리비 < 손익계산서

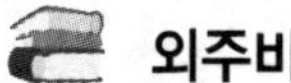 외주비

　사내의 업무를 외부에 위탁하는 경우에 소요되는 비용을 말한다. 통상 제작, 디자인 등을 의뢰하는 경우에 발생한다.

분개사례

① 외주가공비의 용역대금을 미지급하는 경우

　(주)흥부에게 외주가공에 대한 용역비 11,000,000원(부가세 포함)을 한달 후에 지급하기로 하고, 세금계산서를 교부받다.

[차변] 외주비	10,000,000	[대변] 외상매출금	11,000,000
부가세대급금	1,000,000		

더존프로 그램입력	• 재무회계 > 전표입력/장부 > 매입매출전표입력
	• 유형(매입:과세) > 품명(외주가공비) > 공급가액 > 분개(외상)
	• 차변(외주가공비)

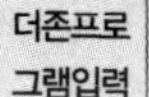 세무회계 유의사항

　① 거래상대방이 등록된 사업자인 경우에는 세금계산서를 수취하고, 미등

록된 사업자인 경우에는 사업소득 또는 기타소득으로 원천징수한다.

② 사업소득의 원천징수 : 지급액의 3.3%(주민세 포함)를 원천징수하여 지급일의 다음달 10일까지 신고·납부하고, 지급받는 자에게 원천징수영수증을 교부한다.

③ 기타소득의 원천징수 : 지급액에서 80%를 공제한 금액의 22%(주민세 포함)를 원천징수하여 지급일의 다음달 10일까지 신고납부하고, 지급받는 자에게 원천징수영수증을 교부한다.

보충자료	위탁가공·판매하는 사업자의 업태(부가통칙 1-2-6)

사업자가 제조장을 설치하지 아니하고 타제조업자에게 위탁가공(외주가공)하여 판매하는 사업은 판매업으로서 형태에 따라 도매업 또는 소매업에 해당된다. 다만, 사업자가 특정제품을 자기가 직접 제조하지 않고 다른 제조업체에 의뢰하여 제조케하여, 이를 판매하는 경우에도 다음의 4가지 조건이 모두 충족된다면 제조업을 영위하는 것으로 본다.

1. 생산할 제품을 직접 기획(고안 및 디자인, 견본제작 등)하고
2. 자기소유의 원재료를 다른 계약사업체에 제공하여
3. 그 제품을 자기명의로 제조케 하고(자기명의로만 된 고유상표를 부착하는 경우를 말하며, 거래처의 상표를 부착하거나 O.E.M 방식 및 상표부착없이 판매하는 경우에는 이를 포함하지 않음)
4. 이를 인수하여 자기책임하에서 직접 판매하는 경우

수도광열비

판매비와관리비 < 손익계산서

수도광열비

수도료, 전력료, 가스료 등에 소요되는 비용을 처리하는 계정과목이다.

분개사례

① 전기요금을 납부하는 경우

2월분의 사무실 전기요금 220,000원(부가세 포함)을 납부하고 전기요금고시서는 매입세금계산서철에 보관하다.

[차변] 수도광열비	200,000	[대변] 현금		220,000
부가세대급금	20,000			

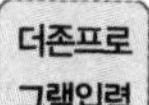

- 재무회계 > 전표입력/장부 > 매입매출전표입력
- 유형(매입:과세) > 품명(전기요금) > 공급가액 > 거래처 > 분개(현금)
- 출금(수도광열비)

세무회계 유의사항

① 결산시에 미지급된 전기요금 등을 파악하여 비용 계상한다.

② 전기요금고지서에 공급받는 자의 사업자등록번호가 기재되어 있는 경우 부가가치세 매입세액공제를 받을 수 있다.

수출제비용

판매비와관리비 < 손익계산서

수출제비용

수출계약시점부터 물품 선적시까지 드는 수출관련 제반비용이다.

분개사례

① 수출 해상운임 및 보험료 등을 지급하는 경우

갑상품 수출을 위해 아래와 같은 비용을 현금 지급하다.

- 통관수수료 : 30,000원 • 운송비 : 50,000원 • 보험료 : 100,000원

[차변] 수출제비용	180,000	[대변] 현금	180,000

더존프로 그램입력
- 재무회계 > 전표입력/장부 > 일반전표입력
- 출금(수출제비용) > 금액 > 현재적요

세무회계 유의사항

수출이 간헐적으로 일어나는 것이라면 적절한 다른 계정과목을 사용하여도 되지만, 수출이 주종목이라면 「수출제비용」계정을 따로 두어 사용하면 편리하다.

운반비

판매비와관리비 < 손익계산서

 **운반비**

회사의 상품 또는 제품을 판매하기 위하여 운반에 소요되는 비용을 처리하는 계정과목이다.

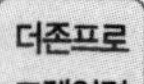 **분개사례**

① 택배비를 지급하는 경우

(주)흥부에게 택배비로 110,000원(부가세포함)을 통장에서 이체시키다.

[차변] 운반비	100,000	[대변] 보통예금		110,000
부가세대급금	10,000			

더존프로 그램입력
- 재무회계 > 전표입력/장부 > 매입매출전표입력
- 유형(매입:과세) > 품명(택배비) > 공급가액 > 분개(혼합)
- 차변(운반비) > 대변(보통예금) > 적요변경 > 거래처(보통예금코드)

② 퀵서비스비용을 지급하는 경우

퀵서비스 비용으로 99,000원(부가세 포함)을 현금으로 지급하다.

[차변] 운반비	90,000	[대변] 현금		99,000
부가세대급금	9,000			

더존프로 그램입력

- 재무회계 > 전표입력/장부 > 매입매출전표입력
- 유형(매입:과세) > 품명(퀵서비스) > 공급가액 > 분개(현금)
- 출금(운반비)

세무회계 유의사항

① 상품 등을 취득하기 위하여 지급하는 운반비는 상품 등의 취득원가로 계상하여야 한다.

② 간이과세자인 운송업자로부터 운송용역을 제공받는 경우에는 송금사실을 기재한 경비 등의 송금명세서를 첨부하여 세무서장에게 제출하는 경우에는 건당 5만원 초과금액에 대해서 증빙불비가산세가 적용되지 않는다.

관련법령

법인세법 제116조
법인세법 시행규칙 제79조

견본비

판매비와관리비 < 손익계산서

견본비

　자사의 상품 또는 제품을 판매하기 전에 디자인이나 용도 등을 실제로 확인할 수 있도록 구매자에게 보내는 샘플비용을 말한다.

분개사례

① 견본품(샘플) 제작비를 현금으로 지급하는 경우

견본품(샘플)을 1,100,00원(부가세 포함)에 제작 의뢰하고 현금으로 대금결제하다.

[차변] 견본비	1,000,000	[대변] 현금	1,100,000
부가세대급금	100,000		

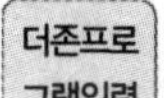

- 재무회계 > 전표입력/장부 > 매입매출전표입력
- 유형(매입:과세) > 품명(견본품) > 공급가액 > 거래처 > 분개(현금)
- 출금(견본비)

세무회계 유의사항

　① 자사 제품 또는 이미 매입한 상품을 견본품으로 무상 제공시에는 재고

자산수불부에 출고수량만을 기록한다.

② 견본품을 특정거래처에만 한정하여 제공하거나 사회통념상 인정할만한 수량을 초과하여 제공하는 것은 접대비로 본다.

③ 견본품의 금액이 과다한 경우 매출누락으로 볼 수도 있으므로 견본비 발생시 관련 증빙을 잘 갖추어 놓는다.

④ 견본품을 고객들에게 제공하는 경우 사업을 위하여 대가를 받지 않고 다른 사업자에게 제공하는 견본품은 부가가치세가 과세되는 재화의 공급으로 보지 않으므로 세금계산서를 교부할 의무가 없다.

⑤ 견본품을 특정사업자에게만 제공하는 경우에는 견본비가 아닌 「접대비」의 계정으로 계상한다.

⑥ 제조업을 영위하는 법인이 모든 판매법인의 신규거래처에 대하여 성능 테스트용으로 견본품을 무상으로 제공하는 것이 건전한 사회통념과 상관행 등에 비추어 정상적인 거래라고 인정될 수 있는 범위내의 경우에는 판매부대비용에 해당되는 것이나, 그 견본품의 수량 또는 가액이 정상적인 상행위의 기준을 초과하거나 판매법인의 이익보장을 위한 지원 성격인 경우에는 접대비에 해당하는 것이며, 또한 특수관계에 있는 법인이 부담하여야 할 견본품비 등을 당해 법인이 부담하는 경우에는 법인세법 제52조 부당행위계산의 부인규정이 적용되는 것이다.

관련법령

법인 예규(서이 46012-12320, 2002.12.26)

회의비

판매비와관리비 < 손익계산서

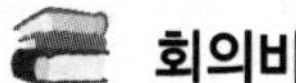

회의비

회사의 업무와 관련된 회의에서 발생하는 차대 및 간식대를 처리하는 계
정과목이다.

분개사례

① 회의용 간식비를 현금으로 지급하는 경우

회의용 간식비로 110,00원(부가세 포함)을 현금으로 지급하다.

[차변] 견본비	100,000	[대변] 현금	110,000
부가세대급금	10,000		

더존프로 그램입력	• 재무회계 > 전표입력/장부 > 매입매출전표입력 • 유형(매입:과세) > 품명(견본품) > 공급가액 > 거래처 > 분개(현금) • 출금(견본비)

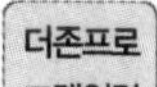

세무회계 유의사항

① 회의의 발생빈도와 금액이 크다면 「회의비」계정을 사용하지만, 그렇지
않다면 「잡비」계정으로 계상해도 무방하다.

② 건당 5만원을 초과하는 경우 정규영수증(세금계산서, 계산서, 신용카드 매출전표, 현금영수증)을 수취하여 보관한다.

③ 세법에서는 통상 회사의 비용에 대해 사회통념상 인정되는 범위 내에서 비용으로 인정해 준다. 따라서, 과다한 회의비 지출에 대해서는 명확한 증빙을 갖추어 놓는다.

포장비

판매비와관리비 < 손익계산서

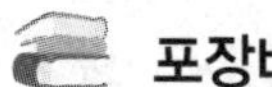 **포장비**

생산라인에서 포장이 끝난 제품 또는 상품을 거래처에 발송하기 위하여 별도의 포장을 하는 경우에 발생하는 비용을 말한다. 운송회사에 포장까지 포함된 비용으로 운송을 의뢰한 경우에는 '운반비'계정으로 일괄하여 처리한다.

분개사례

① 포장재료를 구입하는 경우

포장재료비로 1,100,000원(부가세 포함)을 통장에서 이체해 주다.

[차변] 포장비	1,000,000	[대변] 보통예금	1,100,000
부가세대급금	100,000		

더존프로 그램입력	• 재무회계 > 전표입력/장부 > 매입매출전표입력
	• 유형(매입:과세) > 품명(포장재료비) > 공급가액 > 거래처 > 분개(혼합)
	• 차변(포장비) > 대변(보통예금) > 적요변경 > 거래처(보통예금코드)

📚 세무회계 유의사항

① 포장용 재료의 구입금액이 큰 경우 당기에 사용되지 않은 것은 결산시에 '저장품' 또는 '소모품'의 자산으로 대체시켜야 한다.

② 건당 5만원을 초과하는 경우 정규영수증(세금계산서, 계산서, 신용카드 매출전표, 현금영수증)을 수취하여 보관한다.

보관료

판매비와관리비 < 손익계산서

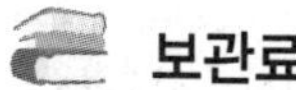 **보관료**

상품, 제품, 원재료 등의 자산을 보관하기 위하여 외부의 창고업자에게 지불하는 비용으로서 '창고료'라고도 한다. 외부의 창고를 임차하여 사용하는 경우에 '임차료'계정을 사용하기도 한다.

분개사례

① 창고 보관비용을 이체하는 경우

창고 사용료로 1,100,000원(부가세 포함)을 통장에서 이체해주다.

[차변] 보관료	1,000,000	[대변] 보통예금	1,100,000
부가세대급금	100,000		

더존프로
그램입력
- 재무회계 > 전표입력/장부 > 매입매출전표입력
- 유형(매입:과세) > 품명(보관료) > 공급가액 > 거래처 > 분개(혼합)
- 차변(보관료) > 대변(보통예금) > 적요변경 > 거래처(보통예금코드)

 **세무회계 유의사항**

① 원재료 또는 제품의 보관료는 원재료 또는 제품의 매입부대비용으로 처리하여 제조원가를 구성하여야 한다. 판매비와관리비 계정으로 올 수 있는 경우는 상품보관료 등이라고 할 수 있다.

② 결산시에 선지급된 비용과 미지급된 비용에 대한 기간계산을 하여 선급비용 또는 미지급비용으로 계상하여야 한다.

③ 건당 5만원을 초과하는 경우 정규영수증(세금계산서, 계산서, 신용카드 매출전표, 현금영수증)을 수취하여 보관한다.

잡 비

판매비와관리비 < 손익계산서

 잡비

판매비와관리비 항목 중 발생빈도가 적고 금액이 소액인 잡다한 과목을
일괄처리하는 계정과목이다.

분개사례

① 화분 구입의 경우

화분구입을 하면서 50,000원을 현금으로 지급하다.

[차변] 잡비	50,000	[대변] 현금	50,000

더존프로 그램입력	• 재무회계 > 전표입력/장부 > 일반전표입력 • 출금 > 잡비 > 거래처명 > 금액 > 현재적요

세무회계 유의사항

① 잡비 계정의 특성상 건당 금액은 소액이지만, 잡비로 합쳐진 금액은 클
　수 있다. 따라서, 적요란에 잡비로 처리된 사유를 정확히 기재한다.

② 법인과 복식부기의무자인 개인은 건당 5만원을 초과하는 경우에는 정규
　영수증(세금계산서, 계산서, 신용카드매출전표, 현금영수증)을 수취하여
　보관한다.

제 4 장   영업외손익

1. 영업외손익의 개요

영업외손익은 영업외수익과 영업외비용으로 구분한다.

영업외수익은 영업외의 활동에서 발생한 수익을 처리하고, 영업외비용은 영업외의 활동에서 발생한 비용을 처리한다.

영업외수익	영업외비용
이자수익	이자비용
배당금수익	외환차손
수입임대료	외화환산손실
유가증권평가이익	재고자산평가손실
유가증권처분이익	재고자산감모손실
외환차익	유가증권평가손실
외화환산이익	유가증권처분손실
지분법평가이익	투자자산처분손실
투자자산처분이익	유형자산처분손실
유형자산처분이익	사채상환손실
사채상환이익	기 부 금
법인세환급액	법인세추납액
전기오류수정이익	기타의대손상각비
잡이익	전기오류수정손실
	잡손실

2. 영업외수익

이자수익

영업외수익 < 손익계산서

📖 이자수익

회사의 자금을 관계회사 등에 대여 또는 금융기관에 예치함으로써 발생하는 수익을 말한다.

📖 분개사례

① 예금이자가 통장에 입금되는 경우

예금이자 1,000,000원 중에서 원천세(주민세 포함) 165,000원을 제외한 835,000원이 보통예금에 입금되다.

[차변] 보통예금	835,000	[대변] 이자수익	1,000,000
선납세금	165,000		

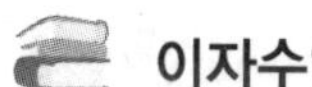

더존프로 그램입력	• 재무회계 > 전표입력/장부 > 일반전표입력
	• 대체차변 > 보통예금, 선납세금 > 거래처코드 > 금액 > 현재적요
	• 대체대변 > 이자수익 > 금액 > 현재적요

② 퇴직보험에 대한 배당금이 예치금에 가산되는 경우

엘지보험사에 예치된 퇴직보험료 1,000,000원에 대하여 수입이자 50,000원이 예치금에 가산된다.

[차변] 퇴직보험예치금   50,000   [대변] 이자수익   500,000

**더존프로
그램입력**
- 재무회계 > 전표입력/장부 > 일반전표입력
- 대체차변 > 퇴직보험예치금 > 금액 > 현재적요
- 대체대변 > 이자수익 > 금액 > 현재적요

세무회계 유의사항

① 원천징수당한 금액까지 이자수익으로 계상하고, 원천세는 법인세 신고·납부시 기납부세액으로 공제받는다.

② 발생주의에 의하여 회계처리하여야 하므로 결산시에 미수이자를 계상하여야 한다.

③ 퇴직보험의 배당금은 이자수익으로 계상한다.

④ 세무상으로는 권리의무확정주의에 따라 수입이자를 계상하므로 결산시에 미수이자를 계상한 경우에는 익금불산입으로 세무조정을 하여야 한다.

이자소득의 종류	수입시기
• 채권·어음 기타증권의 이자와 할인액	약정에 의한 상환일 단, 기일전 상환시에는 그 상환일
• 보통예금·정기예금·적금·부금의 이자	실제 이자지급일, 원본전입일, 해약일, 연장일
• 신탁의 수익	지급받는 날, 해약일, 환매일, 원본전입일, 연장일
• 채권·증권의 환매조건부매매차익	환매수·도일 단, 기일전 환매수·도시에는 환매수·도일
• 저축성보험의 보험차익	지급일. 단, 기일전 해지시 해지일
• 비영업대금의 이익	약정이자지급일(또는 이자지급일)

⑤ 주민세의 원천징수

- 법인이 이자를 수령하는 경우에는 법인세 15%만 원천징수하고 주민세는 원천징수하지 않는다.
- 개인이 이자를 수령하는 경우에는 소득세 15%와 주민세 1.5%를 포함한 16.5%를 원천징수한다.

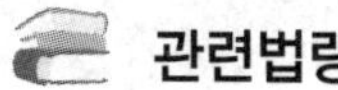 **관련법령**

법인세법 시행령 70조
소득세법 시행령 45조

배당금수익

영업외수익 < 손익계산서

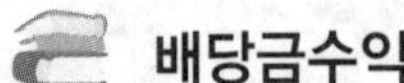 배당금수익

주식, 출자금 등의 장·단기 투자에 대한 이익의 분배로 받은 배당금을 처리하는 계정과목이다.

분개사례

① 배당금 수령증을 받은 경우

보유 중인 갑회사의 주식에 대한 배당금 수령증(200,000원)을 받다.

[차변] 현금	200,000	[대변] 배당금수익	200,000

더존프로 그램입력	• 재무회계 > 전표입력/장부 > 일반전표입력 • 입금 > 배당금수익 > 금액 > 현재적요

② 배당금을 현금으로 받은 경우

(주)흥부로부터 배당금 500,000원을 현금으로 수령하다.

[차변] 현금	500,000	[대변] 배당금수익	500,000

더존프로 그램입력	• 재무회계 > 전표입력/장부 > 일반전표입력 • 입금 > 배당금수익 > 금액 > 현재적요

 세무회계 유의사항

① 배당금수령증은 기업회계기준에서 현금으로 보므로 배당금수령증을 수취하는 시점에 배당금수익으로 계상한다.

② 무상주와 주식배당의 경우 회계처리를 하지 않고 주식수만 증가시킨다.

③ 주주총회의 배당결의 시점에 미수금으로 계상하고 현금 수령시 미수금을 반제시키면 되지만, 일반적으로 회계기간이 동일하다면 현금 수령시 회계처리해도 상관없다.

④ 법인의 배당소득에 대한 원천징수는 없으므로 원천징수세액은 없다.

⑤ 주식배당의 경우 세무상으로는 익금이므로 익금산입으로 세무조정을 한다.

 관련법령

① 상법 464의 2

- 배당금은 주주총회의 승인이 있는 날로부터 1월 이내에 지급하여야 한다. 그러나, 주주총회에서 배당금의 지급시기를 따로 정한 경우에는 예외로 한다.

- 배당금의 지급청구권은 5년간 이를 행사하지 아니하면 소멸시효가 완성된다.

- 배당금의 귀속시기는 잉여금처분결의일이며 처분결의일로부터 3월이 되는 날까지 지급하지 아니하면 그 3월이 되는 날에 지급한 것으로 보아 원천징수하여야 한다.

수입임대료

영업외수익 < 손익계산서

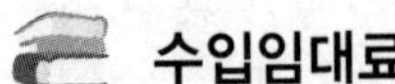 **수입임대료**

부동산 또는 동산을 대여하고 받은 대가를 처리하는 계정과목이다. 영업
외수익의 임대료로 처리할 때는 임대업이 주업이 아닌 경우이다.

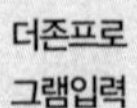 **분개사례**

① **임대료가 통장에 입금된 경우(부동산임대업을 주업으로 하지 않는 경우)**

10월분 임대료로 550,000원(부가세 포함)을 보통예금통장으로 받다. 부동산임
대업을 주업으로 하지 않는다.

[차변] 보통예금	550,000	[대변] 임대료	500,000
		부가세예수금	50,000

더존프로 그램입력	• 재무회계 > 전표입력/장부 > 매입매출전표입력
	• 유형(매출:과세) > 품명(10월 임대료) > 공급가액 > 거래처 > 분개(혼합)
	• 대변(임대료(수입임대료)) > 차변(보통예금) > 적요변경 > 거래처(보통예금코드)

 **세무회계 유의사항**

① 임대료수입에 대해 회계기준은 발생주의에 따라 인식한다.

② 임대인이 일반과세자인 경우에는 세금계산서를 교부하여야 하고, 간이
과세자인 경우에는 세금계산서를 교부할 수 없다.

유가증권평가이익

영업외수익 < 손익계산서

 **유가증권평가이익**

단기자금운용목적의 주식·채권을 보유하고 있는 경우 결산일 현재의 시가가 취득원가를 초과하는 경우에 발생하는 이익을 말한다.

 **분개사례**

① 주식을 결산일에 평가하여 이익이 발생하는 경우

일시적으로 보유중인 (주)흥부(상장회사)의 주식 100주(1주당 취득가액은 50,000원)가 결산일에 1주당 55,000원이다.

【취득시】

[차변] 유가증권	5,000,000	[대변] 현금	5,000,000

【결산시】

[차변] 유가증권	500,000	[대변] 유가증권평가이익	500,000

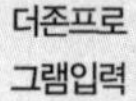 더존프로그램입력

- 재무회계 > 전표입력/장부 > 일반전표입력
- 대체차변 > 유가증권 > 금액 > 현재적요
- 대체대변 > 유가증권평가이익 > 금액 > 현재적요

 ## 세무회계 유의사항

① 유가증권관리대장을 작성하여 품목별, 취득연월일, 액면금액, 수량 등
필요한 사항을 기록하여 항상 실물의 내용을 파악한다.

② 세무상 유가증권평가이익을 인정하지 않으므로 결산시 계상되었다면 익
금불산입으로 세무조정한다.

③ 유가증권 취득일 현재 자본금의 2배를 초과하는 차입금이 있다면 그 취
득금액에 해당하는 차입금의 지급이자는 세무상 손금불산입된다.

유가증권처분이익

영업외수익 < 손익계산서

 **유가증권처분이익**

단기자금운용목적으로 취득한 주식·채권을 처분할 때 처분가액이 처분
당시의 장부상 유가증권 가액을 초과하는 경우에 발생하는 이익을 말한다.

 **분개사례**

① 일시보유중인 주식을 매각하면서 처분이익이 발생하는 경우

일시적으로 보유중인 상장회사인 (주)흥부의 주식 100주(1주당 취득가액은
50,000원, 결산시에는 55,000원)를 1주당 60,000원에 매각하고, 증권거래세 등
100,000원을 차감한 금액을 보통예금으로 받다.

【취득시】

[차변] 유가증권	5,000,000	[대변] 현금	5,000,000

【결산시】

[차변] 유가증권	500,000	[대변] 유가증권평가이익	500,000

【처분시】

[차변] 보통예금	5,900,000	[대변] 유가증권	5,500,000
		유가증권처분이익	400,000

<table>
<tr><td>더존프로
그램입력
[처분시]</td><td>• 재무회계 > 전표입력/장부 > 일반전표입력
• 대체차변 > 보통예금 > 거래처코드 > 금액 > 현재적요
• 대체대변 > 유가증권, 유가증권처분익 > 금액 > 현재적요</td></tr>
</table>

 세무회계 유의사항

① 증권거래세 등의 처분비용은 유가증권처분이익에서 차감 계상한다.

② 유가증권관리대장을 작성하여 품목별 취득연월일, 액면금액, 수량 등 필요한 사항을 기록하여 항상 실물의 내용을 파악한다.

③ 유가증권평가손익은 인정하지 않으므로 처분 당시 평가손익을 계상한 유가증권인지 여부를 확인하여 세무조정에 반영한다.

외환차익

영업외수익 < 손익계산서

외환차익

기중에 외화자산을 회수하거나 외화부채를 상환하는 경우 회수 또는 상환
일의 환율과 당초 장부에 기재한 환율과의 차이를 처리하는 계정과목이다.

분개사례

(주)템플과 10,000$의 수출계약을 하다.
1. 2005년 11월 15일(1$ = 1,200원) : 선수금으로 5,000$를 받다.
2. 2005년 12월 15일(1$ = 1,300원) : 선적일
3. 2005년 12월 31일(1$ = 1,200원) : 결산일
4. 2006년 02월 10일(1$ = 1,400원) : 결제일

① 2005년 11월 15일의 분개

[차변] 보통예금	6,000,000	[대변] 선수금	6,000,000

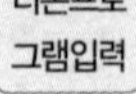

더존프로 그램입력
- 재무회계 > 전표입력/장부 > 일반전표입력
- 대체차변 > 보통예금 > 거래처코드 > 금액 > 현재적요
- 대체대변 > 선수금 > 거래처코드 > 금액 > 현재적요

② 2005년 12월 15일의 분개

```
[차변] 선수금              6,000,000   [대변] 수출매출              13,000,000
       외상매출금          7,000,000
```

더존프로 그램입력
- 재무회계 > 전표입력/장부 > 매입매출전표입력
- 유형(매출:수출) > 품명(갑상품) > 공급가액 > 거래처 > 분개(혼합)
- 차변(선수금, 외상매출금) > 대변(수출매출)

③ 2005년 12월 31일의 분개

```
[차변] 외화환산손실          500,000   [대변] 외상매출금              500,000
```

더존프로 그램입력
- 재무회계 > 전표입력/장부 > 일반전표입력
- 대체차변 > 외화환산손실 > 금액 > 현재적요
- 대체대변 > 외상매출금 > 거래처코드 > 금액 > 현재적요

④ 2006년 02월 10일의 분개

```
[차변] 보통예금            7,000,000   [대변] 외상매출금            6,500,000
                                              외환차익                500,000
```

더존프로 그램입력
- 재무회계 > 전표입력/장부 > 일반전표입력
- 대체차변 > 보통예금, 외환차손 > 거래처코드 > 금액 > 현재적요
- 대체대변 > 외상매출금 > 거래처코드 > 금액 > 현재적요

세무회계 유의사항

외화자산·부채의 발생일에는 발생일(발생일이 공휴일인 경우 그 직전일의 환율)의 기준환율 또는 재정환율을 적용하여 계상하고, 외화자산·부채의 소멸시 실제 적용한 환율과의 차익을 외환차익으로 계상한다.

<table>
<tr><td>보충자료</td><td>기준환율과 재정환율</td></tr>
</table>

- 기준환율

  외국환은행이 고객과 원화와 미달러화를 매매할 때 기준이 되는 환율을 말하며 시장
  평균율이라고도 한다. 금융결제원의 자금중개실을 경유하여 외국환은행간에 거래되
  는 원화의 대미 달러화 현물환율과 거래액을 가중평균하여 산출한다.

- 재정환율

  최근 주요국제금융시장에서 형성된 미화 이외의 통화와 미화와의 매매중간율을 시장
  평균환율로 지정한 율을 말한다.

외화환산이익

영업외수익 < 손익계산서

외화환산이익

화폐성 외화자산·부채의 거래시점에 계상된 원화환산금액과 결산시점의
환율로 계상한 원화환산금액과의 차이를 말한다. 결산시에는 기준환율 또는
재정환율에 의해서 평가한다.

분개사례

(주)템플과 10,000$의 수출계약을 하다.
1. 2005년 11월 15일(1$ = 1,200원) : 선수금으로 5,000$를 받다.
2. 2005년 12월 15일(1$ = 1,300원) : 선적일
3. 2005년 12월 31일(1$ = 1,400원) : 결산일
4. 2006년 02월 10일(1$ = 1,100원) : 결제일

① 2005년 11월 15일의 분개

[차변] 보통예금	6,000,000	[대변] 선수금	6,000,000

더존프로 그램입력	• 재무회계 > 전표입력/장부 > 일반전표입력 • 대체차변 > 보통예금 > 거래처코드 > 금액 > 현재적요 • 대체대변 > 선수금 > 거래처코드 > 금액 > 현재적요

② **2005년 12월 15일의 분개**

| [차변] 선수금 | 6,000,000 | [대변] 수출매출 | 13,000,000 |
| 외상매출금 | 7,000,000 | | |

더존프로
그램입력
- 재무회계 > 전표입력/장부 > 매입매출전표입력
- 유형(매출:수출) > 품명(갑상품) > 공급가액 > 거래처 > 분개(혼합)
- 차변(선수금, 외상매출금) > 대변(수출매출)

③ **2005년 12월 31일의 분개**

| [차변] 외상매출금 | 500,000 | [대변] 외화환산이익 | 500,000 |

더존프로
그램입력
- 재무회계 > 전표입력/장부 > 일반전표입력
- 대체차변 > 외화환산손실 > 금액 > 현재적요
- 대체대변 > 외상매출금 > 거래처코드 > 금액 > 현재적요

세무회계 유의사항

화폐성 외화자산·부채만 평가대상이다. 따라서, 외화채권채무, 외화예금 등이 화폐성 외화자산·부채이며, 외화선급금, 외화선수금 등은 평가대상이 아니다.

투자자산처분이익

영업외수익 < 손익계산서

투자자산처분이익

투자자산의 처분가액이 장부가액보다 큰 경우에 발생하는 이익을 처리하
는 계정이다.

분개사례

① 투자주식을 처분하면서 이익이 발생하는 경우

장기보유목적으로 2005년에 취득한 (주)흥부의 주식(주당 @1,000원, 1,000주)
이 결산일에 주당 @1,200원이었다. 이 주식 모두를 주당 1,500원에 매각하면
서 증권거래수수료 등 100,000원을 차감하고 현금으로 받다.

【취득시】

[차변] 투자유가증권	1,000,000	[대변] 현금	1,000,000

【결산시】

[차변] 투자유가증권	200,000	[대변] 투자유가증권평가이익	200,000

【처분시】

[차변] 현금	1,400,000	[대변] 투자유가증권	1,200,000
투자유가증권평가이익	200,000	투자자산처분이익	400,000

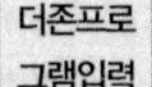

- 재무회계 > 전표입력/장부 > 일반전표입력
- 대체차변 > 현금, 투자유가증권평가이익(투자주식평가이익) > 금액 > 현재적요
- 대체대변 > 투자유가증권, 투자자산처분이익 > 금액 > 현재적요

 세무회계 유의사항

① 투자주식을 처분할 때 투자주식평가손익이 있는 경우 투자자산처분손익에서 차감시켜야 한다.

② 주식매매계약서를 작성하여 보관한다.

③ 비상장주식의 경우에는 양도가액의 0.5%에 상당하는 증권거래세를 신고·납부한다.

유형자산처분이익

영업외수익 < 손익계산서

 **유형자산처분이익**

토지, 건물, 차량운반구 등의 유형자산을 처분할 때 처분가액이 장부가액
보다 큰 경우에 발생하는 이익을 처리하는 계정과목이다.

 **분개사례**

① 업무용 차량을 처분하는 경우

업무용 차량(취득가액 20,000,000원, 감가상각누계액 10,000,000원)을 12,100,000원
(부가세 포함)에 팔고 대금은 한달 후에 받기로 하다. 세금계산서를 교부하다.

[차변] 미수금	12,100,000	[대변] 차량운반구	20,000,000
감가상각누계액	10,000,000	부가세예수금	1,100,000
		유형자산처분이익	1,000,000

더존프로 그램입력	• 재무회계 > 전표입력/장부 > 매입매출전표입력 • 유형(매출:과세) > 품명(차량처분) > 공급가액 > 거래처 > 분개(혼합) • 대변(차량운반구, 유형자산처분이익) > 차변(미수금, 감가상각누계액)

[전산입력시 유의사항]

전산전표 입력시 감가상각누계액 코드를 정확히 입력한다.

세무회계 유의사항

① 기중에 유형자산을 매각하는 경우에는 감가상각비를 월할 계산으로 계상한 후 처분손익을 계산하여야 한다.

② 자산을 취득하여 부가세 매입세액을 받은 후 일정기간 내에 처분시에는 부가가치세를 거래징수하여야 한다. 부가가치세를 거래징수하지 않았다면 공제받은 매입세액 중 일정 산식에 의해 계산된 매입세액을 납부하여야 한다.

법인세환급액

영업외수익 < 손익계산서

 법인세환급액

결산시에 계상한 미지급법인세액이 실제 납부액보다 많은 경우 또는 경정
등으로 법인세를 환급받는 경우에 처리하는 계정과목이다.

 분개사례

① 법인세를 경정청구하여 환급받은 경우

경정청구로 인한 법인세 2,000,000원이 환급되어 보통예금에 입금된다.

[차변] 보통예금	2,000,000	[대변] 법인세환급액	2,000,000

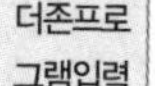

더존프로
그램입력

- 재무회계 > 전표입력/장부 > 일반전표입력
- 대체차변 > 보통예금 > 거래처코드 > 금액 > 현재적요
- 대체대변 > 법인세환급액 > 금액 > 현재적요

 세무회계 유의사항

① 결산시에 법인세비용(또는 법인세등)을 계상하여 당기의 수익에 당기의
비용이 대응되도록 한다.

② 법인세환급액은 세무상 익금이 아니므로 익금불산입으로 세무조정을 한다.

보충자료	경정청구(국기법 제45조의 2)

과세표준신고서를 법정신고기한 이내에 제출한 자는 다음 각호의 1에 해당하는 경우에는 법정신고기한 경과 후 2년 이내에 최초에 신고한 국세의 과세표준 및 세액의 결정 또는 경정을 관할세무서장에게 청구할 수 있다.

1. 과세표준신고서에 기재된 과세표준 및 세액이 세법에 의하여 신고하여야 할 과세표준 및 세액을 초과하는 때
2. 과세표준신고서에 기재된 결손금액 또는 환급세액이 세법에 의하여 신고하여야 할 결손금액 또는 환급세액에 미달하는 때

전기오류수정이익

영업외수익 < 손익계산서

 **전기오류수정이익**

전기 또는 그 이전기간에 귀속되어야 할 수익을 당기에 발견한 경우 처리하는 계정과목이다. 예를 들면, 매출의 누락, 이자수익의 누락 등이 있다.

 **분개사례**

① 전기 매출을 누락하여 당기에 전기분을 계상하는 경우

전기 귀속분인 외상매출(500,000원) 누락분을 계상하다.

| [차변] 외상매출금 | 500,000 | [대변] 전기오류수정이익 | 500,000 |

더존프로 그램입력
- 재무회계 > 전표입력/장부 > 일반전표입력
- 대체차변 > 외상매출금 > 거래처코드 > 금액 > 현재적요
- 대체대변 > 전기오류수정이익 > 거래처코드 > 금액 > 현재적요

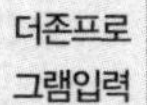 **세무회계 유의사항**

① 전기오류수정이익은 영업외이익으로 보고하지만, 중대한 오류의 경우에는 이익잉여금처분계산서에 반영하여야 한다.

② 영업외수익의 당기수익으로 처리했는지 이익잉여금처분계산서에 반영했는지 여부에 따라 세무조정이 달라진다.

잡이익

영업외수익 < 손익계산서

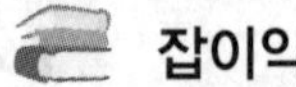 잡이익

기업의 영업활동 외의 활동에서 발생한 소액의 금액으로서 적절한 계정이 없는 경우에 처리하는 계정과목이다.

분개사례

① 계약금을 받은 상품의 구입이 취소되는 경우

(주)흥부로부터 을상품의 구입 계약금 1,000,000원을 송금받았으나 구입 취소에 대한 통보를 받아 위약금 20%를 제한 800,000원을 통장으로 입금시키다.

[차변] 선수금	1,000,000	[대변] 보통예금	800,000
		잡이익	200,000

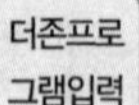 더존프로 그램입력
- 재무회계 > 전표입력/장부 > 일반전표입력
- 대체차변 > 선수금 > 거래처코드 > 금액 > 현재적요
- 대체대변 > 보통예금, 잡이익 > 거래처코드 > 금액 > 현재적요

세무회계 유의사항

① 금액이 크다면 적절한 계정과목으로 계상하여야 한다.

② 세무상 위약금의 손익귀속시기는 해약일 또는 위약한 날이 속하는 사업연도로 한다.

3. 영업외비용

이자비용

영업외비용 < 손익계산서

 **이자비용**

금전을 차입한 대가로 지급하는 경우 처리하는 계정과목이다.

분개사례

① 차입금이자를 통장에서 이체시키는 경우

놀부(주)는 차입금(1억원)에 대한 이자 500,000원을 통장에서 이체시키다.

【차입시】

[차변] 보통예금	100,000,000	[대변] 단기차입금	100,000,000

【이자지급시】

[차변] 이자비용	500,000	[대변] 보통예금	500,000

더존프로 그램입력 [이자지급시]	• 재무회계 > 전표입력/장부 > 일반전표입력
	• 대체차변 > 이자비용 > 금액 > 현재적요
	• 대체대변 > 보통예금 > 거래처코드 > 금액 > 현재적요

 **세무회계 유의사항**

① 결산시에 이자비용 중 선급분은 「선급비용」으로 계상하고, 미지급분은 「미지급비용」으로 계상한다.

② 금융기관 차입금에 대하여는 이자 지급시 원천징수하지 않고, 그 외의 경우에는 원천징수(비영업대금이익으로서 25%)하여야 한다.

③ 장부에 기간경과분에 대한 미지급이자를 계상한 경우 세무상 손금으로 인정해 준다.

외환차손

영업외비용 < 손익계산서

외환차손

기중에 외화자산을 회수하거나 외화부채를 상환하는 경우 회수 또는 상환
일의 환율과 당초 장부에 기재한 환율과의 차이를 처리하는 계정과목이다.

분개사례

(주)템플과 10,000$의 수출계약을 하다.

1. 2005년 11월 15일(1$ = 1,200원) : 선수금으로 5,000$를 받다.
2. 2005년 12월 15일(1$ = 1,300원) : 선적일
3. 2005년 12월 31일(1$ = 1,200원) : 결산일
4. 2006년 02월 10일(1$ = 1,100원) : 결제일

① 2005년 11월 15일의 분개

[차변] 보통예금	6,000,000	[대변] 선수금	6,000,000

더존프로그램입력
- 재무회계 > 전표입력/장부 > 일반전표입력
- 대체차변 > 보통예금 > 거래처코드 > 금액 > 현재적요
- 대체대변 > 선수금 > 거래처코드 > 금액 > 현재적요

② 2005년 12월 15일의 분개

| [차변] 선수금 | 6,000,000 | [대변] 수출매출 | 13,000,000 |
| 외상매출금 | 7,000,000 | | |

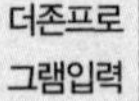

- 재무회계 > 전표입력/장부 > 매입매출전표입력
- 유형(매출:수출) > 품명(갑상품) > 공급가액 > 거래처 > 분개(혼합)
- 차변(선수금, 외상매출금) > 대변(수출매출)

③ 2005년 12월 31일의 분개

| [차변] 외화환산손실 | 500,000 | [대변] 외상매출금 | 500,000 |

- 재무회계 > 전표입력/장부 > 일반전표입력
- 대체차변 > 외화환산손실 > 금액 > 현재적요
- 대체대변 > 외상매출금 > 거래처코드 > 금액 > 현재적요

④ 2006년 02월 01일의 분개

| [차변] 보통예금 | 5,500,000 | [대변] 외상매출금 | 6,500,000 |
| 외환차손 | 1,000,000 | | |

- 재무회계 > 전표입력/장부 > 일반전표입력
- 대체차변 > 보통예금, 외환차손 > 거래처코드 > 금액 > 현재적요
- 대체대변 > 외상매출금 > 거래처코드 > 금액 > 현재적요

세무회계 유의사항

외화자산·부채의 발생일에는 발생일(발생일이 공휴일인 경우 그 직전일의 환율)의 기준환율 또는 재정환율을 적용하여 계상하고, 외화자산·부채의 소멸시 실제 적용한 환율과의 차손을 「외환차손」으로 계상한다.

외화환산손실

영업외비용 < 손익계산서

 **외화환산손실**

화폐성 외화자산·부채의 거래시점에 계상된 원화환산금액과 결산시점의 환율로 계상한 원화환산금액과의 차이를 말한다. 결산시에는 기준환율 또는 재정환율에 의해서 평가한다.

 **분개사례**

(주)템플과 10,000$의 수출계약을 하다.

1. 2005년 11월 15일(1$ = 1,200원) : 선수금으로 5,000$를 받다.
2. 2005년 12월 15일(1$ = 1,300원) : 선적일
3. 2005년 12월 31일(1$ = 1,200원) : 결산일
4. 2006년 02월 10일(1$ = 1,100원) : 결제일

① **2005년 11월 15일의 분개**

[차변] 보통예금	6,000,000	[대변] 선수금	6,000,000

더존프로 그램입력	• 재무회계 > 전표입력/장부 > 일반전표입력 • 대체차변 > 보통예금 > 거래처코드 > 금액 > 현재적요 • 대체대변 > 선수금 > 거래처코드 > 금액 > 현재적요

② 2005년 12월 15일의 분개

[차변] 선수금	6,000,000	[대변] 수출매출	13,000,000
외상매출금	7,000,000		

더존프로 그램입력
- 재무회계 > 전표입력/장부 > 매입매출전표입력
- 유형(매출:수출) > 품명(갑상품) > 공급가액 > 거래처 > 분개(혼합)
- 차변(선수금, 외상매출금) > 대변(수출매출)

③ 2005년 12월 31일의 분개

[차변] 외화환산손실	500,000	[대변] 외상매출금	500,000

더존프로 그램입력
- 재무회계 > 전표입력/장부 > 일반전표입력
- 대체차변 > 외화환산손실 > 금액 > 현재적요
- 대체대변 > 외상매출금 > 거래처코드 > 금액 > 현재적요

세무회계 유의사항

① 화폐성 외화자산·부채만 평가대상이다. 따라서, 외화채권채무, 외화예금 등이 화폐성 외화자산·부채이며, 외화선급금, 외화선수금 등은 평가대상이 아니다.

② 외상매출금, 외상매입금은 화폐성 자산·부채이므로 결산일에 기준환율 또는 재정환율로 평가한다.

재고자산평가손실

영업외비용 < 손익계산서

 **재고자산평가손실**

진부화, 손상, 품질 하락 등의 사유로 재고자산의 취득 당시의 가액이 평가시점의 시가보다 하락한 경우 그 차이를 처리하는 계정과목이다.

 **분개사례**

① 상품을 평가하여 손실이 발생하는 경우

결산일에 상품을 저가법으로 평가해보니 100,000원의 손실이 발생하다.

[차변] 재고자산평가손실	100,000	[대변] 상품	100,000

더존프로그램입력
- 재무회계 > 전표입력/장부 > 일반전표입력
- 대체차변 > 재고자산평가손실 > 금액 > 현재적요
- 대체대변 > 상품 > 금액 > 현재적요

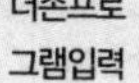 **세무회계 유의사항**

① 재고자산평가방법 중 원가법은 다음과 같다.

- 개별법 : 재고자산을 개별적으로 식별하여 재고자산가액을 평가하는 방법

- 총평균법 : 일정기간의 총매입액을 총수량으로 나누어서 평균단가를 계산하여 재고자산가액을 평가하는 방법
- 이동평균법 : 단가가 다른 재고자산을 매입할 때마다 보유중인 재고자산에 가산하여 평균단가를 계산하는 방법
- 선입선출법 : 먼저 입고된 것이 출고된다는 가정하에 재고자산가액을 평가하는 방법
- 후입선출법 : 나중에 입고된 것이 먼저 출고된다는 가정하에 재고자산가액을 평가하는 방법

② 재고자산평가손실은 재고자산의 평가방법을 저가법으로 한 경우에 발생한다. 세무상 저가법을 적용받기 위해서는 신설법인의 경우 법인세 과세표준신고기한까지 재고자산의 평가방법을 신고하여야 한다.

③ 재고자산의 평가방법을 신고하지 않은 경우에는 원가법을 적용하고 있으며, 저가법으로 변경하고자 하는 법인은 적용받고자 하는 사업연도의 종료일 이전 3월이 되는 날까지 재고자산의 평가방법변경신고서를 관할 세무서장에게 제출하여 신고한 경우에 적용받을 수 있다.

유가증권평가손실

영업외비용 < 손익계산서

📚 유가증권평가손실

단기자금운용목적의 주식·채권을 보유하고 있는 경우 결산일 현재의 시가가 취득원가에 미달하는 경우에 발생하는 손실을 말한다.

📚 분개사례

① 주식을 결산일에 평가하여 손실이 발생하는 경우

일시적으로 보유중인 (주)흥부(상장회사)의 주식 100주(1주당 취득가액은 @50,000원)가 결산일에 1주당 @45,000원이다.

【취득시】

[차변] 유가증권	5,000,000	[대변] 현금	5,000,000

【결산시】

[차변] 유가증권평가손실	500,000	[대변] 유가증권	500,000

더존프로 그램입력	• 재무회계 > 전표입력/장부 > 일반전표입력
	• 대체차변 > 유가증권평가손실 > 금액 > 현재적요
[결산시]	• 대체대변 > 유가증권 > 금액 > 현재적요

세무회계 유의사항

① 유가증권관리대장을 작성하여 품목별 취득연월일, 액면금액, 수량 등 필요한 사항을 기록하여 항상 실물의 내용을 파악한다.

② 세무상 유가증권평가손실을 인정하지 않으므로 결산시 계상되었다면 손금불산입으로 세무조정한다.

유가증권처분손실

영업외비용 < 손익계산서

유가증권처분손실

단기자금운용목적으로 취득한 주식·채권을 처분할 때 처분가액이 처분 당시의 장부상 유가증권 가액에 미달하는 경우에 발생하는 손실을 말한다.

분개사례

① 일시보유중인 주식을 매각하면서 처분손실이 발생하는 경우

일시적으로 보유중인 상장회사인 (주)흥부의 주식 100주(1주당 취득가액은 60,000원, 결산시 65,000원)를 1주당 50,000원에 매각하고, 증권거래세 등 100,000원을 차감한 금액을 보통예금으로 받다.

【취득시】

[차변] 유가증권	6,000,000	[대변] 현금	6,000,000

【결산시】

[차변] 유가증권	500,000	[대변] 유가증권평가이익	500,000

【처분시】

[차변] 보통예금	4,900,000	[대변] 유가증권	6,500,000
유가증권처분손실	1,600,000		

더존프로
그램입력
[처분시]

- 재무회계 > 전표입력/장부 > 일반전표입력
- 대체차변 > 보통예금, 유가증권처분손실 > 거래처코드 > 금액 > 현재적요
- 대체대변 > 유가증권 > 금액 > 현재적요

세무회계 유의사항

① 처분손실이 발생하는 경우 증권거래세 등의 비용은 「유가증권처분손실」 로 계상한다.

② 유가증권관리대장을 작성하여 품목별 취득연월일, 액면금액, 수량 등 필요한 사항을 기록하여 항상 실물의 내용을 파악한다.

③ 세무상 유가증권평가손익은 인정하지 않으므로 처분 당시 평가손익을 계상한 유가증권인지 여부를 확인하여 세무조정에 반영한다.

투자자산처분손실

영업외비용 < 손익계산서

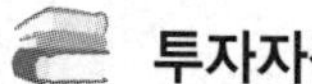 **투자자산처분손실**

투자자산의 처분가액이 장부가액보다 적은 경우에 발생하는 손실을 처리
하는 계정이다.

분개사례

① **투자주식을 처분하면서 손실이 발생하는 경우**

장기보유목적으로 2005년에 취득한 (주)흥부의 주식(주당 @1,000원, 1,000주)
을 결산일에 주당 @1,200원이었다. 이 주식 모두를 주당 @900원에 매각하면
서 증권거래수수료 등 100,000원을 차감하고 현금으로 받다.

【취득시】

[차변] 투자유가증권	1,000,000	[대변] 현금	1,000,000

【결산시】

[차변] 투자유가증권	200,000	[대변] 투자유가증권평가이익	200,000

【처분시】

[차변] 현금	800,000	[대변] 투자유가증권		1,200,000
투자유가증권평가이익	200,000			
투자자산처분손실	200,000			

더존프로그램입력
[처분시]

- 재무회계 > 전표입력/장부 > 일반전표입력
- 대체차변 > 현금, 투자유가증권평가이익(투자주식평가이익), 투자자산처분손실
  > 금액 > 현재적요
- 대체대변 > 투자유가증권 > 금액 > 현재적요

세무회계 유의사항

① 투자주식을 처분할 때 투자주식평가손익이 있는 경우 반제시켜야 한다.

② 주식매매계약서를 작성하여 보관한다.

③ 비상장주식의 경우에는 양도가액의 0.5%에 상당하는 증권거래세를 신고·납부한다.

유형자산처분손실

영업외비용 < 손익계산서

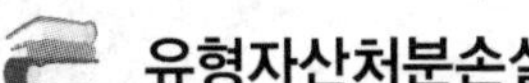 유형자산처분손실

토지, 건물 등의 유형자산을 처분하는 경우 처분가액이 장부가액보다 적은 경우에 발생하는 계정과목이다.

분개사례

① 처분가치도 없는 노후기계를 해체하는 경우

노후되어 처분가치도 없는 기계(취득가액 1,000,000원, 감가상각누계액 700,000원)를 해체하여 창고에 보관하다.

[차변] 감가상각누계액	700,000	[대변] 기계장치	1,000,000
유형자산처분손실	300,000		

더존프로 그램입력
- 재무회계 > 전표입력/장부 > 일반전표입력
- 대체차변 > 감가상각누계액, 유형자산처분손실 > 금액 > 현재적요
- 대체대변 > 기계장치 > 금액 > 현재적요

세무회계 유의사항

① 기계 해체시 사진 등으로 증거를 확보한다.

② 기중에 유형자산을 매각하는 경우 감가상각비를 먼저 계상하고 처분손익을 계산한다.

③ 시설개체 또는 기술낙후로 인하여 생산설비의 일부를 폐기한 경우 당해 자산의 장부가액에서 1,000원을 공제한 금액을 폐기일이 속하는 사업연도의 손금으로 산입할 수 있다.

 **관련법령**

법인세법 시행령 제31조

기부금

영업외비용 < 손익계산서

기부금

특수관계없는 자에게 사업과 직접 관계없이 무상으로 지출하는 재산적 증여액을 말한다.

분개사례

① 수재의연금을 지급하는 경우

수재의연금으로 10,000,000원을 현금으로 기부하다.

[차변] 기부금	10,000,000	[대변] 현금	10,000,000

더존프로 그램입력	• 재무회계 > 전표입력/장부 > 일반전표입력 • 출금 > 기부금 > 거래처명 > 금액 > 현재적요

세무회계 유의사항

① 기부금의 성격에 따라 모두 비용으로 인정해 주는 것과 일부 인정, 전액 비용으로 인정하지 않는 기부금이 있다.

② 기부금의 종류별 손금 인정 범위

구 분	비 용 인 정	종 류
법정기부금	소득금액의 100% 인정	① 국가·지방자치단체 기부금 ② 국방헌금 등 ③ 이재민 구호금품 ④ 정당에 기부한 정치자금 등
특례기부금	소득금액의 50% 인정	① 문화예술진흥기금 ② 사립학교 시설비 등 ③ 사내근로복지기금에 지출하는 기부금 등
지정기부금	소득금액의 5% 인정	① 사회복지법인, 종교단체 기부금 ② 불우이웃돕기 기부금 ③ 협회의 특별회비 등
비지정기부금	비용 인정치 않음	위 외의 기부금( 동창회비 등)

③ 법정기부금의 한도초과액은 이월되지 않으나, 특례기부금과 지정기부금의 한도초과액은 3년간 이월하여 한도 미달액의 범위 안에서 손금으로 인정받을 수 있다.

④ 세무상 기부금의 귀속시기는 실제 지출된 날이 속하는 사업연도이므로 어음으로 기부금을 지급한 경우 어음을 발행한 날이 아니라 어음이 결제된 날이 속하는 사업연도의 기부금으로 한다.

⑤ 현물로 기부하는 경우 법정기부금은 장부가액으로, 특례기부금과 지정기부금은 시가로 한도초과액을 계산하여야 한다.

관련법령

법인세법 제24조

법인세법 시행령 제35, 36, 37조

법인세추납액

영업외비용 < 손익계산서

 **법인세추납액**

결산시에 계상한 미지급법인세액이 실제 납부액보다 적은 경우 또는 수정
신고 등으로 법인세를 추가로 납부하는 경우에 처리하는 계정과목이다.

 **분개사례**

① 세무조사 결과 법인세가 추가 고지되어 납부하는 경우

세무조사 결과 법인세 5,000,000원을 추가로 고지받아 납부하다.

[차변] 법인세추납액	5,000,000	[대변] 현금	5,000,000

더존프로
그램입력

• 재무회계 > 전표입력/장부 > 일반전표입력
• 출금 > 법인세추납액 > 금액 > 현재적요

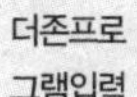 **세무회계 유의사항**

① 결산시에 법인세비용(또는 법인세등)을 계상하여 당기의 수익에 당기의
비용이 대응되도록 한다.
② 법인세추납액은 세무상 손금이 아니므로 손금불산입으로 세무조정을 한다.

보충자료	수정신고(국기법 제45조)

과세표준신고서를 법정신고기한 이내에 제출한 자는 다음 각호의 1에 해당하는 경우에는 관할세무서장이 각 세법의 규정에 의하여 당해 국세의 과세표준 및 세액을 결정 또는 경정하여 통지를 하기 전까지 과세표준 수정신고서를 제출할 수 있다.

1. 과세표준신고서에 기재된 과세표준 및 세액이 세법에 의하여 신고하여야 할 과세표준 및 세액에 미달하는 때
2. 과세표준신고서에 기재된 결손금액 또는 환급세액이 세법에 의하여 신고하여야 할 결손금액 또는 환급세액을 초과하는 때
3. 제1호 및 제2호 외에 세무조정과정에서의 누락 등 일정 사유로 인하여 불완전한 신고를 한 때

기타의대손상각비

영업외비용 < 손익계산서

 **기타의대손상각비**

매출채권(외상매출금과 받을어음) 이외의 채권에 대한 대손상각은 영업외 비용의 「기타의대손상각비」계정으로 계상한다.

 **분개사례**

① 거래처에 빌려준 대여금 중 일부를 탕감해 주기로 결정한 경우

(주)흥부에게 5,000,000원을 빌려주었다. 2개월 후 채권자 회의에서 60%를 탕감해 주기로 하다. 대손충당금은 설정되어 있지 않다.

[차변] 기타의대손상각비	3,000,000	[대변] 단기대여금	3,000,000

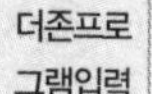

더존프로 그램입력	• 재무회계 > 전표입력/장부 > 일반전표입력 • 대체차변 > 기타의대손상각비 > 금액 > 현재적요 • 대체대변 > 단기대여금 > 거래처코드 > 금액 > 현재적요

 **세무회계 유의사항**

① 대손율은 세무상의 대손율을 실무에서 많이 사용한다.

② 대손충당금 설정 한도액은 설정대상채권의 1%와 실적율 중 큰 금액을 한도로 한다.

전기오류수정손실

영업외비용 < 손익계산서

 ## 전기오류수정손실

전기 또는 그 이전기간에 귀속되어야 할 비용을 당기에 발견한 경우 처리하는 계정과목이다. 예를 들면, 감가상각비의 누락, 이자비용의 누락 등이 있다.

 ## 분개사례

① 전기 이자비용을 누락하여 당기에 전기분을 계상하는 경우

전기 귀속분인 이자비용(500,000원) 누락분과 당기 귀속분 500,000원을 지급시에 계상하다.

[차변] 이자비용	500,000	[대변] 현금		1,000,000
전기오류수정손실	500,000			

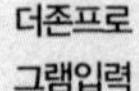

더존프로
그램입력

- 재무회계 > 전표입력/장부 > 일반전표입력
- 대체차변 > 이자비용, 전기오류수정손실 > 거래처코드 > 금액 > 현재적요
- 대체대변 > 현금 > 거래처코드 > 금액 > 현재적요

📚 세무회계 유의사항

① 전기오류수정손실은 영업외손실로 보고하지만, 중대한 오류의 경우에는 이익잉여금처분계산서에 반영하여야 한다.

② 영업외비용의 당기비용으로 처리했는지 이익잉여금처분계산서에 반영했는지 여부에 따라 세무조정이 달라진다.

잡손실

영업외비용 < 손익계산서

잡손실

일반적인 영업활동 외의 활동에서 발생한 손실 중 금액이 소액이고 적절한 계정과목이 없는 경우에 처리하는 계정과목이다.

분개사례

① 계약금을 지불한 상품의 구입을 취소하는 경우

(주)흥부의 을상품을 구입하기 위해 1,000,000원을 송금이체했으나 당사의 사정으로 구입이 취소되어 위약금 20%를 제한 800,000원이 통장으로 입금되다.

[차변] 보통예금	800,000	[대변] 선급금	1,000,000
잡손실	200,000		

더존프로 그램입력
- 재무회계 > 전표입력/장부 > 일반전표입력
- 대체차변 > 보통예금, 잡손실 > 거래처코드 > 금액 > 현재적요
- 대체대변 > 선급금 > 거래처코드 > 금액 > 현재적요

② 가산금을 납부하는 경우

국민연금 납부지연에 따른 가산금 20,000원을 납부하다.

[차변] 잡손실	20,000	[대변] 현금	20,000

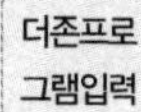

- 재무회계 > 전표입력/장부 > 일반전표입력
- 출금(잡손실)

📖 세무회계 유의사항

① 가산금, 가산세, 교통사고배상금 등은 「잡손실」계정으로 계상한다.

② 세무상 위약금의 손익귀속시기는 해약일 또는 위약한 날이 속하는 사업 연도로 한다.

제 5 장 특별손익

1. 특별손익의 개요

특별손익은 일상적인 영업활동이 아닌 특별한 경우에 발생하는 것으로서 특별이익과 특별손실로 구분된다. 즉, 비경상적이고 비반복적인 거액의 손익을 특별손익으로 처리한다.

특 별 이 익	특 별 손 실
자산수증이익 채무면제이익 보험차익	재해손실

2. 특별이익

자산수증이익

특별이익 < 손익계산서

 **자산수증이익**

회사가 타인으로부터 특정자산을 증여받은 경우에 발생하는 이익으로써 주로 회사의 결손보전 등을 위하여 주주 등이 무상으로 기증하는 경우에 발생한다.

 **분개사례**

① 건물을 대표이사로부터 무상으로 기증받은 경우

대표이사가 소유하고 있는 건물(공정가액 100,000,000원)을 기증받다.

[차변] 건물	100,000,000	[대변] 자산수증이익	100,000,000

더존프로 그램입력	• 재무회계 > 전표입력/장부 > 일반전표입력
	• 대체차변 > 건물 > 금액 > 현재적요
	• 대체대변 > 자산수증이익 > 금액 > 현재적요

📖 세무회계 유의사항

① 자산을 무상으로 받은 경우에는 특별이익인 「자산수증이익」계정으로 계상한다.

② 자산수증이익의 계상가액은 증여재산의 공정가액으로 한다.

③ 자산수증이익을 이월결손금의 보전에 사용한 경우에는 익금불산입된다.

채무면제이익

특별이익 < 손익계산서

📖 채무면제이익

회사가 부담하여야 할 채무를 채권자로부터 면제받게 되는 경우에 발생하는 이익으로써 회사의 결손이 누적되어 있는 경우에 회사의 임원 등이 회사에 대한 채권을 포기하는 경우에 발생한다.

📖 분개사례

① 단기로 빌린 차입금을 면제받은 경우

대주주인 (주)흥부한테 빌린 단기차입금 5,000,000원을 면제받다.

[차변] 단기차입금	5,000,000	[대변] 채무면제이익	5,000,000

더존프로 그램입력
- 재무회계 > 전표입력/장부 > 일반전표입력
- 대체차변 > 단기차입금 > 거래처코드 > 금액 > 현재적요
- 대체대변 > 채무면제이익 > 금액 > 현재적요

② 외상대금에 대한 채무를 면제받은 경우

채무가 누적되어 부도위기에 처한 바, 채권자 회의에서 당사의 외상대금 중 20,000,000원을 면제시켜주기로 결정한 내용을 통보받다.

[차변] 외상매입금	20,000,000	[대변] 채무면제이익	20,000,000

- 재무회계 > 전표입력/장부 > 일반전표입력
- 대체차변 > 외상매입금 > 거래처코드 > 금액 > 현재적요
- 대체대변 > 채무면제이익 > 금액 > 현재적요

③ 장기로 빌린 차입금에 대해 감액 결정받은 경우

장기차입금 100,000,000원 중 50,000,000원은 채권자 회의에서 감액 결정되었다는 통보를 받다.

[차변] 장기차입금	50,000,000	[대변] 채무면제이익	50,000,000

- 재무회계 > 전표입력/장부 > 일반전표입력
- 대체차변 > 장기차입금 > 거래처코드 > 금액 > 현재적요
- 대체대변 > 채무면제이익 > 금액 > 현재적요

세무회계 유의사항

① 채권자 회의록 등 채무면제에 대한 증빙서류를 수취하여 보관한다.

② 채무면제이익을 이월결손금에 보전한 경우에는 익금불산입된다.

보험차익

특별이익 < 손익계산서

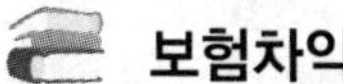 보험차익

회사가 소유하고 있는 자산에 화재 등의 보험사고 발생하여 보험회사로부터 지급받는 보험금액이 피해를 입은 자산의 장부가액보다 큰 경우에 그 차액을 계상하는 계정과목이다.

분개사례

① 건물 화재로 인한 보험금액이 통장에 입금되는 경우

화재로 소실된 건물(취득가액 20,000,000원, 감가상각누계액 15,000,000원)의 보험금액 10,000,000원을 보통예금으로 입금받다.

| [차변] 보통예금 | 10,000,000 | [대변] 건물 | 20,000,000 |
| 감가상각누계액 | 15,000,000 | 보험차익 | 5,000,000 |

더존프로 그램입력	• 재무회계 > 전표입력/장부 > 일반전표입력
	• 대체차변 > 보통예금, 감가상각누계액 > 거래처코드 > 금액 > 현재적요
	• 대체대변 > 건물, 보험차익 > 금액 > 현재적요

 **세무회계 유의사항**

① 법인세를 이연받기 위해 일시상각충당금을 계상하는 것은 기업회계기준에서 인정하지 않고 있다.

② 보험차익이 당기의 이익에 반영되어 법인세를 부담하여야 하지만, 일정한 기준을 충족하는 경우에는 과세하지 않는다. 즉, 재고자산을 제외한 고정자산 관련 보험차익은 보험금을 지급받은 날이 속하는 사업연도의 다음 사업연도개시일부터 2년 이내에 멸실된 자산과 동일한 고정자산의 취득, 개량에 사용하는 경우 당기의 손금에 산입한다.

3. 특별손실

재해손실

특별손실 < 손익계산서

📚 재해손실

화재나 홍수 또는 도난 등으로 재고자산 및 유형자산이 멸실하여 발생한 우발적인 손실을 말한다.

📚 분개사례

① 홍수로 창고의 상품을 판매할 수 없는 경우

홍수로 인해 창고의 상품(원가 5,000,000원)을 팔지 못하게 되다.

[차변] 재해손실	5,000,000	[대변] 상품	5,000,000

더존프로 그램입력	• 재무회계 > 전표입력/장부 > 일반전표입력 • 대체차변 > 재해손실 > 금액 > 현재적요 • 대체대변 > 상품 > 금액 > 현재적요

📚 세무회계 유의사항

① 재해손실세액공제 : 사업용자산의 장부가액이 자산총액의 30% 이상 소실된 경우 납부세액을 재해상실비율만큼 공제받을 수 있다.

부록

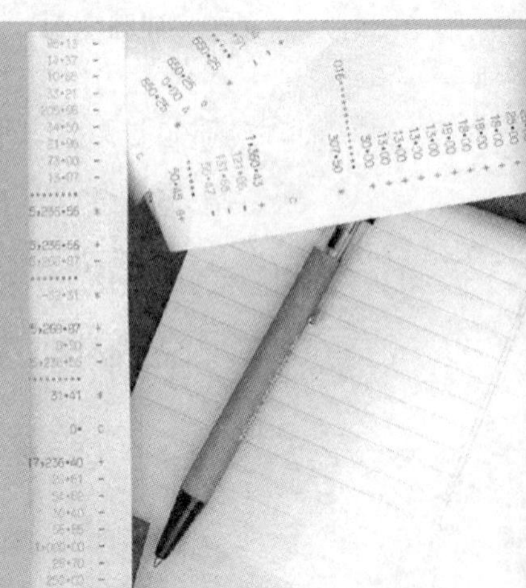

1. 접대비 업무관련성 입증에 관한 고시

제1조【대상 접대비】

① 건당 50만원 이상 지출하는 법인의 접대비에 대하여는 당해 법인이 제2
조에서 정하는 바에 따라 업무관련성을 입증하는 지출증빙을 기록·보
관하여야 한다.

② 2건 이상의 지출내역이 다음 각호의 1에 해당되는 경우에는 이를 1건으
로 보아 제1항의 규정을 적용한다.

 1. 동일한 날짜에 동일한 장소에서 동일한 거래처에 대하여 지출된 것으로
서 거래의 실질로 보아 하나의 지출행위로 인정되는 경우

 2. 동일한 장소에서 동일한 거래처에 대하여 날짜를 달리하여 지출한 것으
로서 1건의 거래금액을 50만원 미만의 소액으로 나누어 결제한 것으로
인정되는 경우

 3. 기타 거래 실질상 1건의 거래임에도 지출증빙 기록·보관 대상에서 제
외되기 위하여 50만원 미만의 소액으로 나누어 결제한 것으로 인정되
는 경우

제2조【업무관련성을 입증하는 지출증빙의 기록·보관방법】

① 제1조에 해당하는 접대비를 지출한 법인은 법인세법 제116조 제2항 각
호에서 규정하는 증빙서류의 뒷면이나 당해 증빙서류를 첨부한 용지 여
백에 다음 각 호의 내용을 기재하여 보관하여야 한다.

 1. 접대목적

 2. 접대자의 부서명 및 성명

 3. 접대상대방의 상호, 사업자등록번호, 부서명 및 성명. 다만, 접대상대방이 비

사업자인 경우에는 성명 및 주민등록번호

② 제1항 제2호 및 제3호의 규정을 적용함에 있어 접대자 또는 접대상대방이 2인 이상인 경우 성명은 주된 접대자 또는 주된 접대상대방 "○○○ 외 ○인"으로 기재한다.

③ 증빙서류를 전산테이프, 디스켓 등 전자적 형태로 보관하는 법인 등과 같이 제1항의 규정에 따라 지출내역을 기록·보관하는 것이 곤란하거나 부적합하다고 판단되는 경우에는 붙임 『접대비 명세서』 또는 정규영수증 기재내역(일자, 금액, 접대장소)과 제1항의 내용이 모두 포함된 별도 양식의 서류를 작성하여 보관할 수 있다.

2. 접대비 관련 질의 · 답변

질의 1 "건당 50만원 이상"인지 여부를 판단함에 있어 봉사료, 부가가치세를 포함한 가액을 기준으로 하는지?

답변 1 지출증빙 기록·보관이 되는 "건당 50만원 이상"인 접대비는 부가가치세 및 봉사료 등을 포함한 금액으로 함.

예 음식대 460천원(부가세 46천원 별도)을 접대목적으로 지출한 경우 부가가치세를 포함한 금액은 506천원이므로 지출증빙 기록대상임.

질의 2 지출증빙을 세무서에 제출하여야 하는지?

답변 2 현재도 법인은 모든 거래에 대하여 거래증빙과 지급규정, 사규 등의 객관적인 자료에 의하여 이를 법인에게 귀속시키는 것이 정당함을 입증하여야 하지만,
 - 건당 50만원 이상 지출한 접대비에 대하여는 이에 더하여 접대자 및 접대상대방 인적사항, 접대목적 등 업무관련성을 입증하는 지출증빙의 기록·보관을 의무화한 것으로

– 법인이 작성한 「업무관련성을 입증하는 접대비 지출증빙」도 5년간 보관하면 되고 법인세 신고시 과세관청에 제출할 필요는 없음.

질의 3 업무관련성이 입증되지 않은 금액에 대한 불이익은?

답변 3 법인의 비용으로 처리할 수 있는 금액은 법인의 사업과 관련하여 발생하거나 지출된 비용으로서 법인의 수익과 직접 관련된 것에 한하므로 법인의 업무와 관련이 없는 비용에 대하여는 법인의 손금으로 인정되지 아니함.
또한, 법인의 업무와 관련없이 사용한 금액은 이를 지출한 사람(이를 지출한 사람이 불분명할 경우에는 대표자)이 법인의 자금을 유용한 것으로 보아 소득세를 부담함.
* 법인의 비용으로 인정받지도 못할 뿐만 아니라 근로소득세(기업주, 임원)나 배당소득세 (주주) 등을 추가로 부담하게 됨.

질의 4 비사업자인 접대상대방의 주민등록번호를 반드시 기재하여야 하는 것인지?

답변 4 이번 고시의 시행에 있어 비사업자인 접대상대방의 주민등록번호를 기재하도록 한 것은 이를 이용하여 지출내용의 진실성과 사업관련성을 확인하기 위한 것임.
사업과 관련된 접대상대방의 대부분을 차지하는 사업자를 제외한 비사업자의 경우에만 제한적으로 주민등록번호를 기재하도록 한 것임. 다만, 주민등록번호를 기재할 수 없는 경우로서 다른 증빙 등에 의해 접대상대방과 업무관련성이 입증될 때에는 비용으로 인정받을 수 있는 것임.

질의 5 법인이 명절선물용으로 상품권 10장(1백만원)을 ○○백화점에서 일괄 구입(신용카드 매출전표 수취)한 후 여러 거래처에 나누어 제공하는 경우 지출증빙 기록방법은?

답변 5 접대목적으로 취득한 상품권 가액이 50만원(분할하여 취득한 것으로 인정되는 경우에는 합산하여 판단) 이상인 경우에는 접대상대방별 상품권 가액이

50만원에 미달하더라도 모든 접대상대방에 대한 지출내역을 기재하여야 함.

* 상품권은 통화대용수단으로 악용될 소지가 크고 거래상대방별로 분산처리가 용이하므로 모든 지출내역을 기록하여야 함.

질의 6 법인이 명절선물용으로 주류세트 10개(1백만원)를 ○○백화점에서 일괄구입(세금계산서 수취)한 후 여러 거래처에 직접 나누어 제공하는 경우 지출증빙 기록방법은?

답변 6 상품권과 달리 현물에 의한 접대의 경우에는 당해 물품을 제공받은 회사별로 50만원 이상인 거래처에 대하여만 지출증빙 기록·보관대상이 됨.

다만, 새로운 제도의 시행과 관계없이 정상적인 회계처리를 하는 법인이라면 건당 50만원 미만 접대비라 하더라도 업무와의 관련성은 입증해야 하므로 내부품의서, 지출목록 등은 보관하여야 함.

예 개당 10만원짜리 선물세트를 A거래처에 5개, B거래처에 3개, C거래처에 1개, D거래처에 1개를 제공한 경우에는 A거래처만 작성 대상임.

질의 7 법인이 거래처 대표자 50명을 초청하여 영업회의를 개최한 후 만찬비용을 지출한 경우 지출증빙 기록·보관방법은?

답변 7 접대상대방이 여러 거래처인 경우에는 원칙적으로 이를 모두 기재하여야 하나 초청자 명부 등 내부서류에 의하여 실질적으로 참석자의 인적사항을 파악할 수 있는 경우에는 대표 거래처 "○○○ 외 49명"으로 기재하여도 인정 가능함.

질의 8 해외에서 지출한 접대비에 대한 고시규정의 적용여부 및 입증방법은?

답변 8 현행 접대비 규정상 해외에서 지출한 접대비라 하여 달리 취급하지 않고 있으므로 해외에서 지출한 접대비도 당해 접대비 고시의 적용대상이 됨. 따라서 해외에서 접대비를 지출(해외 바이어를 국내에서 접대하는 경우를 포함)하는 법인도 신용카드 매출전표 뒷면 등에 접대상대방, 접대목적 등을 기재하여야 하나, 사업자등록번호는 파악·활용할 실익이 없으므로 생략 가능함.

질의 9 법인이 직접 생산한 제품을 접대비로 제공하는 경우에도 당해 지출내역을 기록·보관하여야 하는지?

답변 9 법인이 직접 생산한 제품을 접대비로 제공하는 경우에는 지출증빙 수취의무는 면제되나 동 제품의 시가가 50만원 이상인 경우에는 당해 고시에 의하여 지출내역을 기록·보관하여야 함.

질의 10 50만원 이상의 접대비 지출에 대하여 정규증빙이 아닌 간이영수증을 수취함에 따라 손금부인 되는 경우에도 당해 지출내역을 기록·보관하여야 하는지?

답변 10 법인이 5만원을 초과하는 접대비에 대하여 정규영수증을 수취하지 아니하고 지출한 경우에는 업무관련성이 있다 하더라도 법인의 비용으로 인정되지 아니하나, 동 접대비가 업무와 관련이 없는 비용으로 판명될 경우에는 손금부인 외에 추가로 귀속자에 대한 소득처분을 하게 됨. 따라서, 간이영수증에 의하여 지출한 50만원 이상의 접대비도 귀속자에 대한 상여처분을 면하기 위하여는 업무와의 관련성을 입증하여야 함.

질의 11 동일한 거래처에 대하여 저녁식사(30만원) 후 주점(40만원)으로 장소를 옮겨 접대한 경우 이를 1건의 거래로 합산하여야 하는지?

답변 11 거래의 실질상 1건의 거래를 지출증빙 기록·보관대상에서 제외되기 위하여 이를 나누어 결제한 것으로 인정되는 경우에는 이를 합산하여 1건의 거래로 보아 50만원 이상인지 여부를 판단하여야 하나 질의내용과 같이 동일한 접대상대방이라 하더라도 식당에서 저녁식사를 한 후 주점으로 장소를 옮겨 접대한 경우에는 사실상 별개의 지출이므로 이를 합산하여 판단할 사항은 아님.

♣ 김경하

세무사
부산대학교 회계학과
고려대학교 정책대학원
LG전자주식회사 인재개발실 근무
프랭클린템플턴투자신탁운용(주) 회계팀장
(현) 한국재정경제연구소 경영연수원 강사
(현) 김경하 세무회계사무소 대표

[저서]
경리장부작성연습(한국재정경제연구소)
전표분개매뉴얼(한국재정경제연구소)

[질의 및 상담]
www.kofe.or.kr

인 지
생 략

경리초보자를 위한 **계정과목 매뉴얼**

제1판 인쇄	●	2005년 2월 21일
제1판 발행	●	2005년 2월 26일

저　　　자	●	김경하
발 행 인	●	강석원
발 행 처	●	**한국재정경제연구소**
등 록 번 호	●	제2-584호(1988.6.1)

주　　　소	●	서울특별시 강남구 대치동 889-5
전　　　화	●	(02) 562-4355
팩　　　스	●	(02) 552-2210

e-mail	●	info@kofe.or.kr
홈페이지	●	www.kofe.or.kr

정가　　20,000원
ISBN　　89-85808-62-0 (13320)